money		bus
	pig		night
	blue		stocking
	car		pumpkin
	to cry		candles

PONS

Grundschulwörterbuch Englisch

Ernst Klett Verlag
Stuttgart · Düsseldorf · Leipzig

PONS Grundschulwörterbuch Englisch

von
Astrid Proctor

Illustrationen
Neil Pinchbeck

Die Deutsche Bibliothek - CIP - Einheitsaufnahme

Ein Titeldatensatz für diese Publikation
ist bei der Deutschen Bibliothek erhältlich

1. Auflage 2000

Internet: www.pons.de
E-Mail: info@pons.de

Einbandgestaltung: Ira Häußler, Stuttgart
Logoentwurf: Erwin Poell, Heidelberg
Gestaltung und Satz: text GmbH, Stuttgart
Druck: Schnitzer Druck, Korb
Printed in Germany
ISBN 3-12-560545-8

Inhaltsverzeichnis

Me, my friends

and family

uncle Tom
glasses
aunt Narida
eye
grandma
grandpa
Ben
garden
Abi
Rachel

Algeria Algerien

aunt die Tante
Aunt Narida is Uncle Tom's wife.
Tante Narida ist Onkel Toms Frau.

baby das Baby
Sshh, the **baby** is sleeping.
Sshh, das Baby schläft.

to be called heißen
I **am called** Ben.
Ich heiße Ben.

big groß
Jemma is Ben's **big** sister.
Jemma ist Bens große Schwester.

black schwarz

blond blond
Dad has **blond** hair.
Papa hat blonde Haare.

blue blau

Bosnia-Herzegovina Bosnien-Herzegowina

brother der Bruder
Ben has one **brother**.
Ben hat einen Bruder.

brown braun

budgie der Wellensittich
Tim has two **budgies**.
Tim hat zwei Wellensittiche.

cat die Katze
Felix is our **cat**.
Felix ist unsere Katze.

to come from kommen aus
Ali **comes from** Turkey.
Ali kommt aus der Türkei.

Croatia Kroatien

cousin der Cousin, die Cousine
Abi and Rachel are Ben's **cousins**.
Abi und Rachel sind Bens Cousinen.

dad, daddy der Papa
Dad is smiling.
Papa lächelt.

daughter die Tochter
This is our **daughter** Jemma.
Das ist unsere Tochter Jemma.

dog der Hund
Muffin is Ben's **dog**.
Muffin ist Bens Hund.

Egypt Ägypten

eight acht

eighteen achtzehn

eleven elf

eye das Auge
Jemma has brown **eyes**.
Jemma hat braune Augen.

family die Familie
This is my **family**.
Das ist meine Familie.

father der Vater
Grandpa is mum's **father**.
Opa ist Mamas Vater.

fifteen fünfzehn

five fünf

four vier

fourteen vierzehn

friend der Freund, die Freundin
Jo and Tim are Ben's **friends**.
Jo und Tim sind Bens Freunde.

Germany Deutschland

glasses die Brille
Uncle Tom wears **glasses**.
Onkel Tom trägt eine Brille.

grandfather der Großvater
This is my **grandfather**.
Das ist mein Großvater.

grandma die Oma
Grandma has grey hair.
Oma hat graue Haare.

grandmother die Großmutter
My **grandmother** likes flowers.
Meine Großmutter mag Blumen.

grandpa der Opa
Grandpa is wearing a cap.
Opa trägt eine Kappe.

gray *(Am)* grau

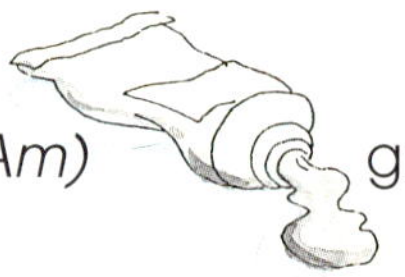

Greece Griechenland

green grün

grey *(Brit)* grau

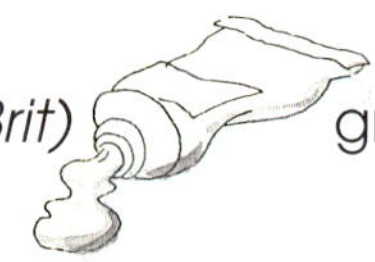

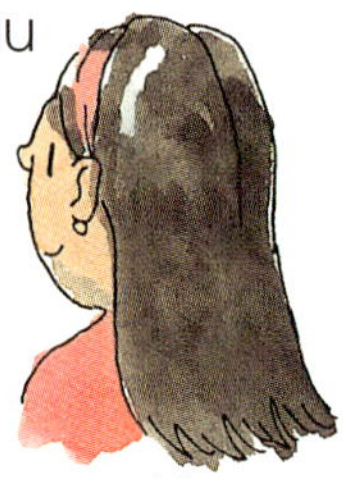

hair die Haare
Aunt Narida has black **hair**.
Tante Narida hat schwarze Haare.

hamster der Hamster
Tim has a **hamster**.
Tim hat einen Hamster.

to have haben
Hast du einen Bruder? - Ja, ich habe einen Bruder.

hello hallo
Hello, I'm Ben!
Hallo, ich bin Ben!

hi hi
Hi, ich bin Jo!

house das Haus
We live in a big **house**.
Wir wohnen in einem großen Haus.

how old? wie alt?
Wie alt bist du? - Ich bin neun Jahre alt.

husband der Mann
Dad is mum's **husband**.
Papa ist Mamas Mann.

in in
In a big house.
In einem großen Haus.

Italy Italien

Lebanon Libanon

Libya Lybien

little klein
Baby May is Ben's **little** sister.
Baby May ist Bens kleine Schwester.

to live leben
Ich lebe in England.

long lang
Jemma has **long** hair.
Jemma hat lange Haare.

to love lieben
Dad **loves** mum very much.
Papa liebt Mama sehr.

Macedonia Mazedonien

mom, mommy *(Am)* die Mama
This is my **mom**.
Das ist meine Mama.

Morocco Marokko

mother die Mutter
Aunt Narida is Abi and Rachel's **mother**.
Tante Narida ist Abi und Rachels Mutter.

mouse die Maus
Jo has a **mouse** called Tibbs.
Jo hat eine Maus, die Tibbs heißt.

mum, mummy *(Brit)* die Mama
My **mum** has brown hair.
Meine Mama hat braune Haare.

name der Name
Hello, my **name** is Toby.
Hallo, mein Name ist Toby.

nine neun

nineteen neunzehn

one eins

parrot der Papagei
Charlie is grandma's **parrot**.
Charlie ist Omas Papagei.

pet das Haustier
Hast du Haustiere? - Ja, eine Katze und einen Hund.

Poland Polen

rabbit das Kaninchen
This is Jo's **rabbit**.
Das ist Jos Kaninchen.

red rot

seven sieben

seventeen siebzehn

short kurz
Ben has **short** hair.
Ben hat kurze Haare.

sister die Schwester
Abi is Rachel's **sister**.
Abi ist Rachels Schwester.

six sechs

sixteen sechzehn

to sleep schlafen
Baby May is **sleeping**.
Baby May schläft.

son der Sohn
This is my **son** Ben.
Das ist mein Sohn Ben.

tall groß
Uncle Tom is **tall**.
Onkel Tom ist groß.

ten zehn

thirteen dreizehn

three drei

Tunisia Tunesien

Turkey die Türkei

twelve zwölf

twenty zwanzig

two zwei

uncle der Onkel
Wer bist du? - Ich bin Onkel Tom.

very much sehr

to wear tragen
Jo is **wearing** a yellow sweater.
Jo trägt einen gelben Pullover.

what? was?
Was ist deine Lieblingsfarbe? - Blau!

where? wo?
Wo kommst du her? - Aus Griechenland.

white weiß

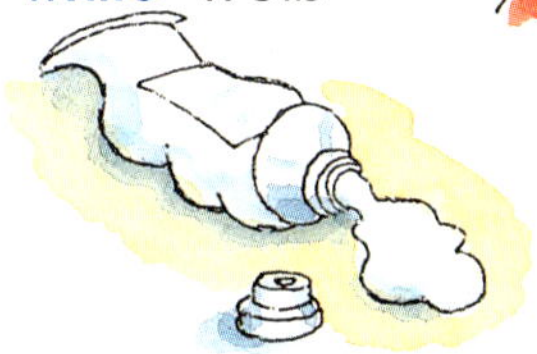

who? wer?
Wer bist du? - Ich bin Ben!

wife die Frau
Mum is dad's **wife**.
Mama ist Papas Frau.

year das Jahr
Ben is nine **years** old.
Ben ist neun Jahre alt.

Yugoslavia Yugoslavien

Animals

zoo
tree
elephant
lion
water
crocodile
bear
zebra
hippo
mouse
hamster
spider
guinea pig
ZOO
mice
hamsters

Children's Corner
on the Farm
bee
ear
horse
fish
cow
nose
sheep
frog
budgie
monkey
duck
rabbit
tail
hen
chick

animal das Tier
Hippos, cats and frogs are **animals**.
Nilpferde, Katzen und Frösche sind Tiere.

banana die Banane

bear der Bär
Sshh, the **bear** is sleeping.
Sshh, der Bär schläft.

bee die Biene

to be called heißen
What **is** you dog **called**? - Muffin
Wie heißt dein Hund? - Muffin.

to be scared of Angst haben vor
Ben **is scared of** spiders.
Ben hat Angst vor Spinnen.

big groß
Elephants are **big** animals.
Elefanten sind große Tiere.

bird der Vogel
The **birds** are singing.
Die Vögel zwitschern.

black schwarz

brown braun

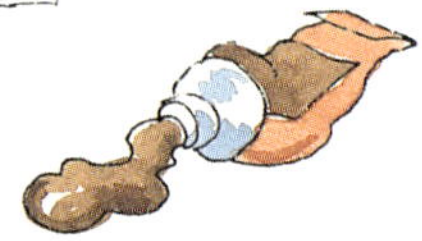

budgie der Wellensittich
Tim has two **budgies**.
Tim hat zwei Wellensittiche.

carrot die Karotte

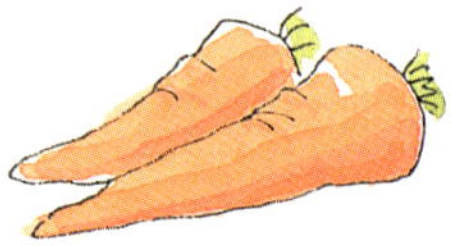

cat die Katze
Felix is Jemma's **cat**.
Felix ist Jemmas Katze.

to catch fangen
Felix **caught** a mouse.
Felix hat eine Maus gefangen.

chick das Küken
Chicks are soft and yellow.
Küken sind weich und gelb.

cow die Kuh
'Moo' said the **cow**.
,Muh' sagte die Kuh.

crocodile das Krokodil
Where is the **crocodile**? - In the river.
Wo ist das Krokodil? - Im Fluss.

dog der Hund
Muffin is Ben's **dog**.
Muffin ist Bens Hund.

duck die Ente
There are **ducks** on the river.
Auf dem Fluss schwimmen Enten.

elephant der Elefant
Please don't feed the **elephants**!
Bitte fütter den Elefanten nicht!

to escape ausbrechen
The lion **escaped** from the zoo.
Der Löwe ist aus dem Zoo ausgebrochen.

farm der Bauernhof
There are cows and sheep on the **farm**.
Auf dem Bauernhof sind Kühe und Schafe.

to feed füttern
Ben always **feeds** Felix.
Ben füttert immer Felix.

fish der Fisch
Felix likes **fish**!
Felix mag Fisch!

frog der Frosch
The **frog** jumped into the river.
Der Frosch ist in den Fluss gesprungen.

fur das Fell
Felix has soft **fur**.
Felix hat weiches Fell.

green grün

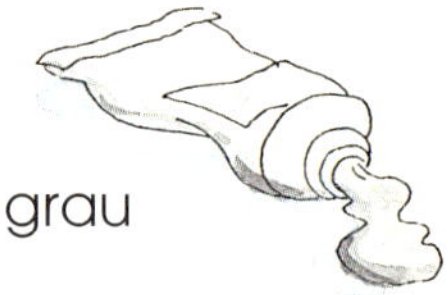

gray *(Am)*, **grey** *(Brit)* grau

guinea pig das Meerschweinchen
Tim's **guinea pig** is called Henry.
Tims Meerschweinchen heißt Henry.

hamster der Hamster
Tim has a **hamster** too.
Tim hat auch einen Hamster.

hen das Huhn
How many **hens** are there? - Four!
Wie viele Hühner sind das? - Vier!

hippo das Nilpferd
Hippos like water.
Nilpferde mögen Wasser.

honey der Honig
Grandpa drinks tea with **honey**.
Opa trinkt Tee mit Honig

horse das Pferd
Jemma likes **horses**.
Jemma mag Pferde.

in in
In the river. Im Fluss.

into in
Into the river. In den Fluss.

to jump springen
The frog **jumped** into the river.
Der Frosch ist in den Fluss gesprungen.

lion der Löwe
The **lion** escaped from the zoo.
Der Löwe ist aus dem Zoo ausgebrochen.

mice die Mäuse
These **mice** are very small.
Diese Mäuse sind sehr klein.

milk die Milch
Toby drinks **milk** for breakfast.
Toby trinkt Milch zum Frühstück.

monkey der Affe
Monkeys like bananas.
Affen essen gern Bananen.

mouse die Maus
Felix has caught a **mouse**!
Felix hat eine Maus gefangen!

mud der Dreck
Ben has **mud** on his shoes.
Bens Schuhe sind voller Dreck.

nose die Nase
Muffin has a black **nose**.
Muffin hat eine schwarze Nase.

on auf
On the farm. Auf dem Bauernhof.

pet das Haustier
Hast du Haustiere? - Ja, eine Katze und einen Hund.

pig das Schwein
Pigs love to play in the mud!
Schweine spielen gern im Dreck!

rabbit das Kaninchen
Rabbits like to eat carrots.
Kaninchen essen gern Karotten.

river der Fluss
The hippo is swimming in the **river**.
Das Nilpferd schwimmt im Fluss.

sheep das Schaf
These **sheep** are black.
Diese Schafe sind schwarz.

to sing zwitschern
The birds are **singing**.
Die Vögel zwitschern.

to sleep schlafen
Sshh, the bear is **sleeping**.
Sshh, der Bär schläft.

small klein
Mice are **small** but elephants are big.
Mäuse sind klein aber Elefanten sind groß.

snake die Schlange
Jemma does not like **snakes**.
Jemma mag keine Schlangen.

soft weich
Felix has **soft** fur.
Felix hat weiches Fell.

spider die Spinne
Ben is scared of **spiders**.
Ben hat Angst vor Spinnen.

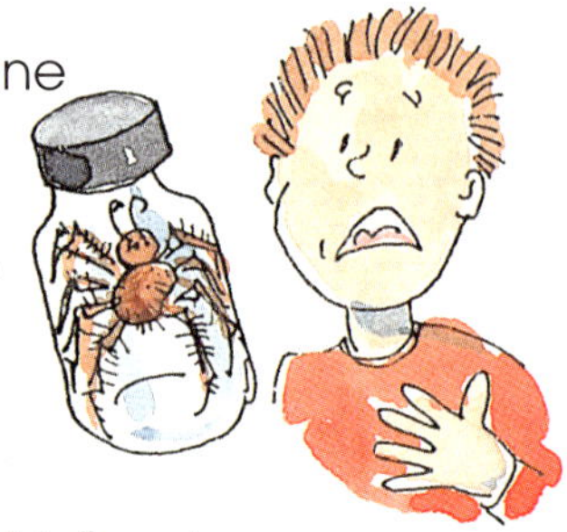

squirrel das Eichhörnchen
There are lots of **squirrels** in the park.
Im Park gibt es viele Eichhörnchen.

to swim schwimmen
The hippo is **swimming** in the river.
Das Nilpferd schwimmt im Fluss.

tail der Schwanz
The lion has a long **tail**.
Der Löwe hat einen langen Schwanz.

to in
To the zoo. In den Zoo.

tree der Baum
Felix is in the **tree**.
Felix ist im Baum.

white weiß

yellow gelb

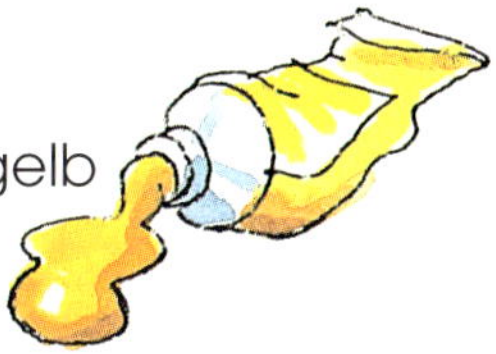

zebra das Zebra

Ist das ein Pferd? - Nein, ein Zebra!

zoo der Zoo

Möchtest du in den Zoo gehen? - Ja, bitte!

Und nun zum Schluss:

What do monkeys eat?
- honey
- fish
- bananas

Which animal is this?
- a hippo
- a frog
- a bear

Which colour is an elephant?
- green
- grey
- brown

My

ear
hair
face
medicine
arm
doctor
back
chest
tummy
hand
underpants
leg
shoe
knee
toe

body

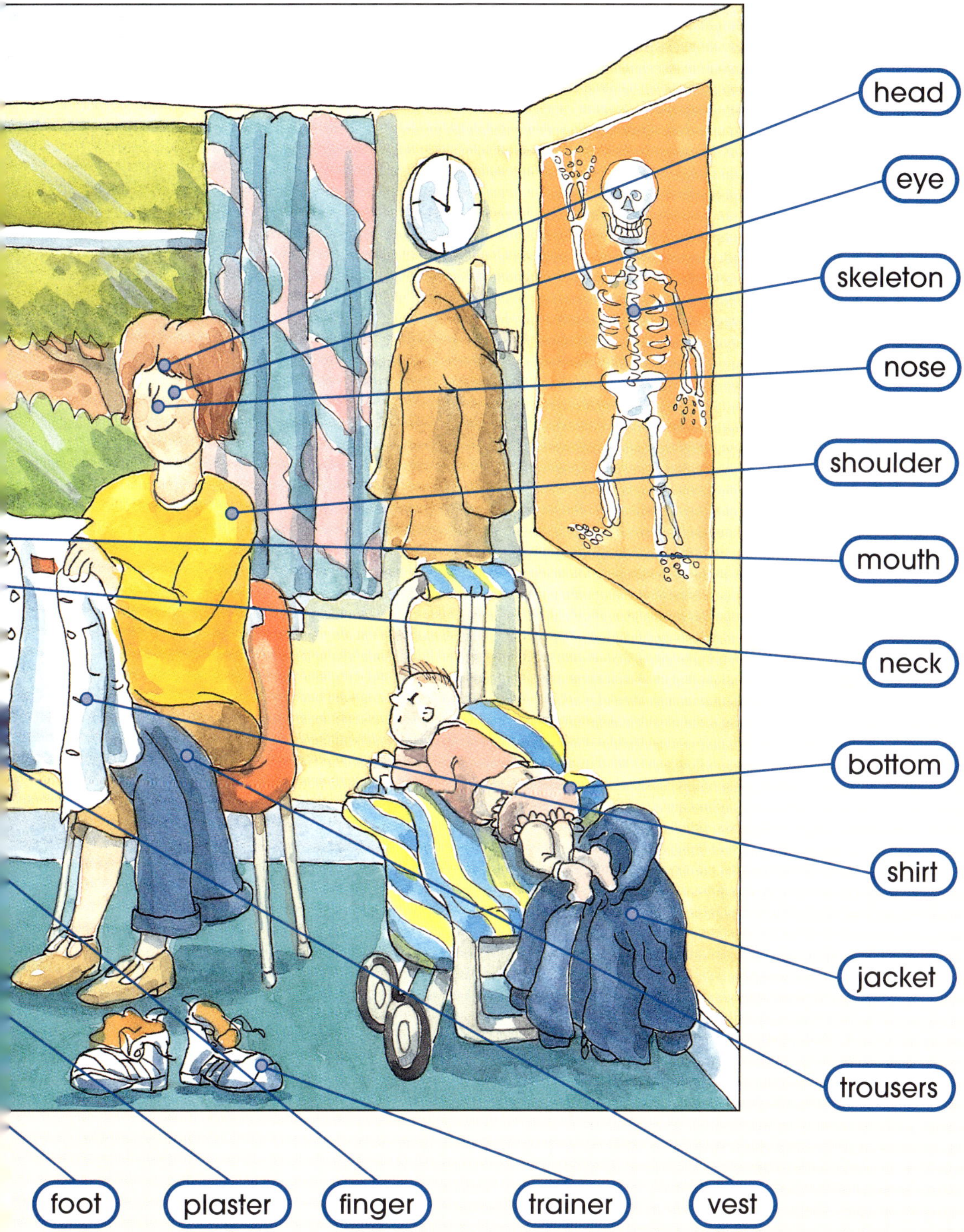
head
eye
skeleton
nose
shoulder
mouth
neck
bottom
shirt
jacket
trousers
foot
plaster
finger
trainer
vest

My body

arm der Arm
We have two **arms**.
Wir haben zwei Arme.

around um.....(herum)
Around his neck. Um seinen Hals.

back der Rücken
Sometimes grandma's **back** hurts.
Manchmal tut Omas Rücken weh.

because weil
Ben is crying **because** he fell down.
Ben weint, weil er hingefallen ist.

before bevor
Before he goes to bed
Bevor er ins Bett geht.

big groß
Dad has **big** feet.
Papa hat große Füße.

to bite beißen
Muffin **bit** Mr Porter's bottom.
Muffin hat Herrn Porter in den Hintern gebissen.

black schwarz

to bleed bluten
Ben's knee is **bleeding**.
Bens Knie blutet.

blue blau

bottom der Hintern
Muffin bit Mr Porter's **bottom**.
Muffin hat Herrn Porter in den Hintern gebissen.

brown braun

bruise der blaue Fleck
Ben has a **bruise** on his foot.
Ben hat einen blauen Fleck am Fuß.

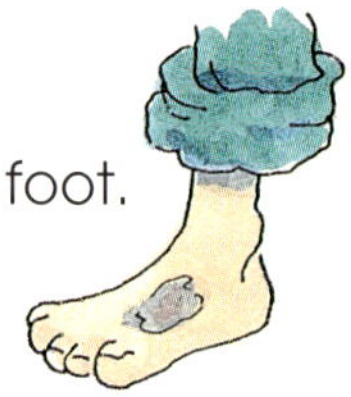

to brush bürsten
Jemma is **brushing** her hair.
Jemma bürstet sich die Haare.

to bump anhauen
Toby **bumped** his head on the table.
Toby hat sich den Kopf am Tisch angehauen.

chest die Brust
Felix is sleeping on Grandpa's **chest**.
Felix schläft auf Opas Brust.

to cry weinen
Ben is **crying**.
Ben weint.

to do machen
Was hast du gemacht?
– Ich bin hingefallen.

doctor der Arzt, die Ärztin
Mrs Martin is a **doctor**.
Frau Martin ist Ärztin.

ear das Ohr
Muffin has big **ears**.
Muffin hat große Ohren.

eye das Auge
Jemma has brown **eyes**.
Jemma hat braune Augen.

face das Gesicht
Ben is washing his **face**.
Ben wäscht sich das Gesicht.

to fall down hinfallen
Ben **fell down** in the playground.
Ben ist auf dem Schulhof hingefallen.

fat dick
Peter is **fat** but Paul is thin.
Peter ist dick aber Paul ist dünn.

to feel fühlen
Ben does not **feel** well.
Ben fühlt sich nicht gut.

feet die Füße
Dad has big **feet**.
Papa hat große Füße.

fine gut
Wie geht es dir Tim?
– Gut, danke!

finger der Finger
We have ten **fingers**.
Wir haben zehn Finger.

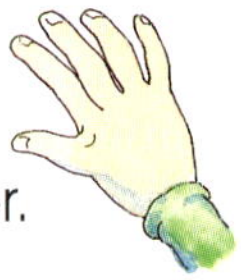

foot der Fuß
Ben has a bruise on his **foot**.
Ben hat einen blauen Fleck am Fuß.

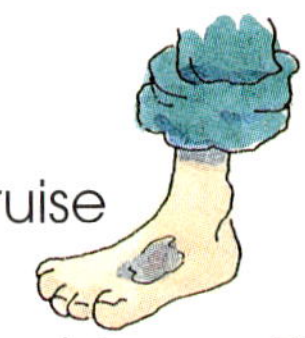

to forget vergessen
Vergiss nicht, deine Medizin zu nehmen Ben!

four vier

to go to bed ins Bett gehen
Gute Nacht! Ich gehe ins Bett.

grey *(Brit)*, **gray** *(Am)* grau

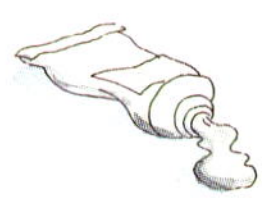

hair die Haare
Grandma has grey **hair**.
Oma hat graue Haare.

hand die Hand
Baby May is holding mummy's **hand**.
Baby May hält Mamas Hand.

head der Kopf
Toby bumped his **head** on the table.
Toby hat sich den Kopf am Tisch angehauen.

hello hallo
Hello, I'm Doctor Martin.
Hallo, ich bin Dr. Martin.

to hold halten
Baby May is **holding** mummy's hand.
Baby May hält Mamas Hand.

how wie
Wie geht es dir, Ben?
– Mein Knie tut weh.

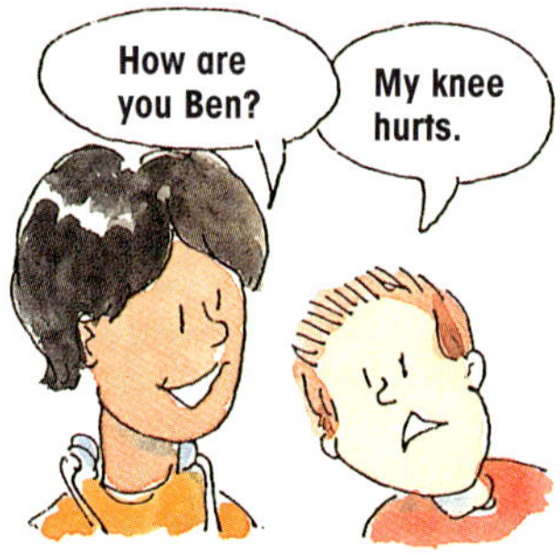

to hurt wehtun
Sometimes grandma's back **hurts**.
Manchmal tut Omas Rücken weh.

to hurt oneself sich wehtun
Ben fell down and **hurt himself**.
Ben ist hingefallen und hat sich wehgetan.

ill krank
Ben is feeling **ill**.
Ben fühlt sich krank.

in auf
In the playground.
Auf dem Schulhof.

knee das Knie
Ben`s **knee** is bleeding.
Bens Knie blutet.

leg das Bein
Muffin has four **legs**.
Muffin hat vier Beine.

to lose verlieren
Tim has **lost** a tooth.
Tim hat einen Zahn verloren.

medicine die Medizin
Vergiss nicht, deine Medizin zu nehmen Ben!

mouth der Mund
Mach den Mund auf und sag aaahh.

neck der Hals
Tim is wearing a scarf around his **neck**.
Tim trägt einen Schal um seinen Hals.

nose die Nase
Muffin has a black **nose**.
Muffin hat eine schwarze Nase.

on auf
On the table. Auf dem Tisch.

one eins

to open aufmachen
Mach den Mund auf und sage aaahh.

pants *(Am)* die Hose
Dad is putting on his **pants**.
Papa zieht sich die Hose an.

plaster das Pflaster
The doctor stuck a **plaster** on Ben`s knee.
Die Ärztin klebte Ben ein Pflaster aufs Knie.

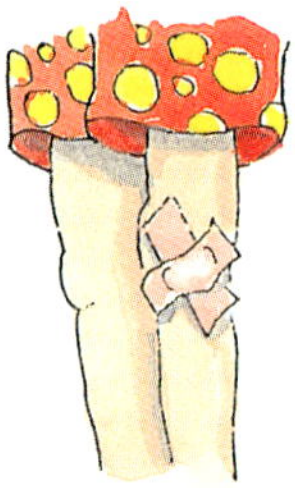

playground der Schulhof
Ben fell down in the **playground**.
Ben ist auf dem Schulhof hingefallen.

poor arm
Poor Ben! His knee is bleeding.
Armer Ben! Sein Knie blutet.

to put on anziehen
Dad is **putting on** his trousers.
Papa zieht sich die Hose an.

red rot

scarf der Schal
Tim`s **scarf** is red.
Tims Schal ist rot.

shirt das Hemd
Ben`s **shirt** is white.
Bens Hemd ist weiß.

shoe der Schuh
Jo is putting on her **shoes**.
Jo zieht sich die Schuhe an.

shoulder die Schulter
Baby May is sitting on Dad`s **shoulder**.
Baby May sitzt auf Papas Schulter.

skeleton das Skelett
Was ist das?
– Ein Skelett.

to sleep schlafen
Sshh, the baby is **sleeping**.
Sshh, das Baby schläft.

to stick kleben
The doctor **stuck** a plaster on Ben`s knee.
Die Ärztin klebte Ben ein Pflaster aufs Knie.

to take nehmen
Ben is **taking** his medicine.
Ben nimmt seine Medizin.

to take off ausziehen
Take off your shirt, Ben.

Zieh dein Hemd aus, Ben.

teeth die Zähne

Vergiss nicht, dir die Zähne zu putzen!

ten zehn

thin dünn
Peter is fat but Paul is **thin**.

Peter ist dick aber Paul ist dünn.

toe der Zeh
Toby has bumped his **toe**.

Toby hat sich den Zeh angehauen.

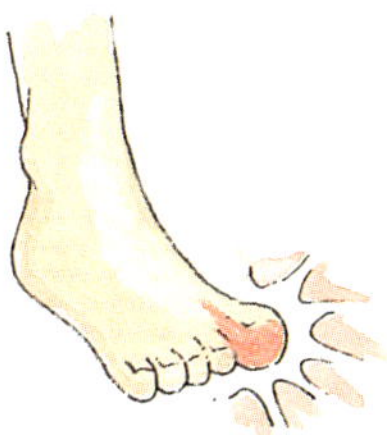

tooth der Zahn
Tim has lost a **tooth**.

Tim hat einen Zahn verloren.

trousers *(Brit)* die Hose
Dad is putting on his **trousers**.

Papa zieht sich die Hose an.

tummy der Bauch
Baby May has a fat **tummy**!

Baby May hat einen dicken Bauch!

two zwei

to wash waschen
Ben is **washing** his face.

Ben wäscht sich das Gesicht.

to wear tragen
Tim is **wearing** a red scarf.

Tim trägt einen roten Schal.

what? was?
What did you do? – I fell down.

Was hast du gemacht? – Ich bin hingefallen.

where? wo?

Wo bist du hingefallen? – Auf dem Schulhof.

Around

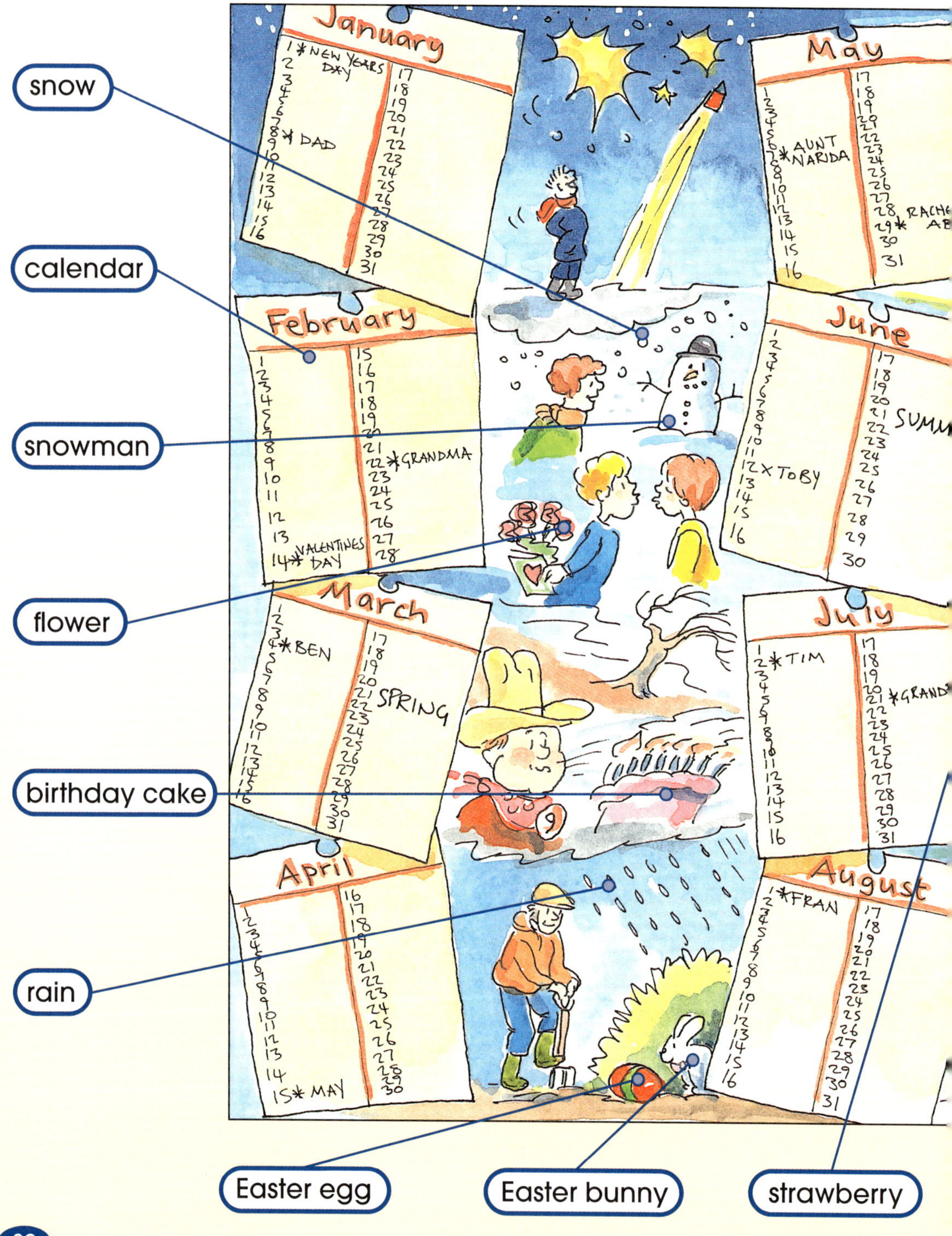
snow
calendar
snowman
flower
birthday cake
rain
Easter egg
Easter bunny
strawberry
January
1 * NEW YEARS DAY
8 * DAD
February
22 * GRANDMA
14 * VALENTINES DAY
March
4 * BEN
21 SPRING
April
15 * MAY
May
7 * AUNT NARIDA
June
12 X TOBY
July
2 * TIM
August
1 * FRAN

the year

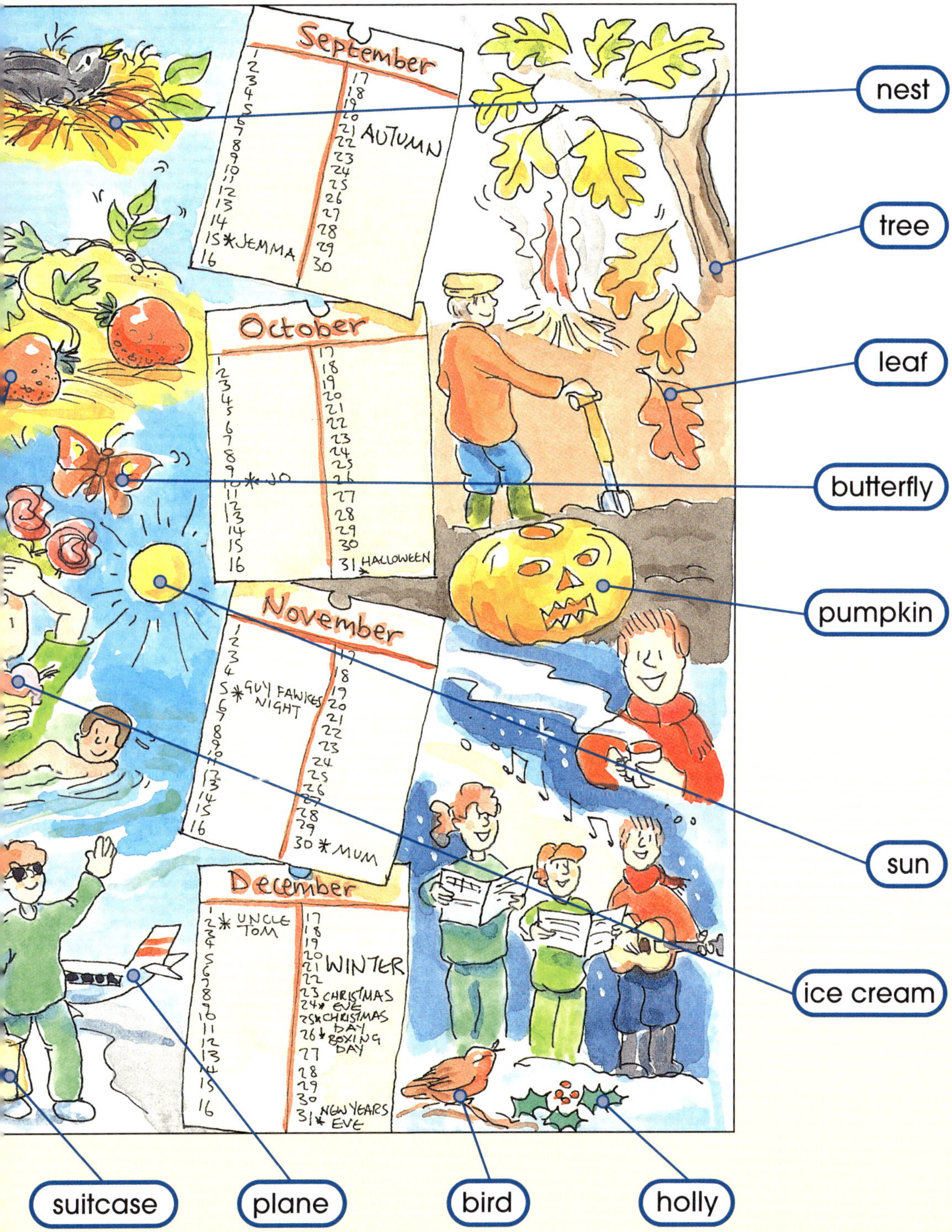
nest
tree
leaf
butterfly
pumpkin
sun
ice cream
suitcase
plane
bird
holly
September
October
November
December

April der April

August der August

autumn *(Brit)* der Herbst
Autumn starts in September.
Im September fängt der Herbst an.

bird der Vogel
The **birds** are singing.
Die Vögel zwitschern.

birthday der Geburtstag
Ben's **birthday** is in March.
Ben hat im März Geburtstag.

black schwarz

to bloom blühen
Daffodils **bloom** in spring.
Osterglocken blühen im Frühling.

to blow away wegblasen
The wind **blew away** grandpa's cap!
Der Wind hat Opas Kappe weggeblasen!

to bring bringen
The Easter bunny **brings** the Easter eggs.
Der Osterhase bringt die Ostereier.

brown braun

to build bauen
Birds **build** their nests in spring.
Vögel bauen im Frühling ihr Nest.

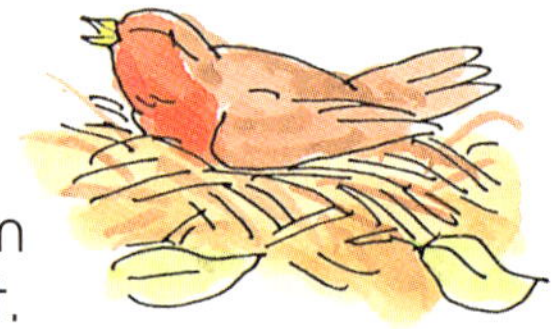

calendar der Kalender
Dad hung up the **calendar** on the 1st January.
Papa hat den Kalender am 1. Januar aufgehängt.

Christmas das Weihnachten
Christmas is in December.
Weihnachten ist im Dezember.

cold kalt
It's **cold** in winter.
Im Winter ist es kalt.

to cut schnitzen
Ben **cut** a face into the pumpkin.
Ben schnitzte ein Gesicht in den Kürbis.

day der Tag
Welcher Tag ist heute? – Es ist Freitag.

December der Dezember

Easter das Ostern
I got four Easter Eggs for **Easter**.
Ich habe vier Ostereier zu Ostern bekommen.

Easter bunny der Osterhase
The **Easter bunny** brings the Easter eggs.
Der Osterhase bringt die Ostereier.

Easter egg das Osterei
Toby found lots of **Easter eggs**!
Toby hat viele Ostereier gefunden!

fall *(Am)* der Herbst
Leaves turn colour in **fall**.
Im Herbst verfärbt sich das Laub.

fast schnell

February der Februar

flower die Blume
Grandma loves **flowers**.
Oma liebt Blumen.

Friday der Freitag

from von
From which tree?
Von welchem Baum?

to go on holiday in Urlaub fahren
We're **going on holiday** in summer!
Wir fahren im Sommer in Urlaub!

to go swimming schwimmen gehen
Ben is **going** swimming on Wednesday.
Ben geht am Mittwoch schwimmen.

gray *(Am)*, **grey** *(Brit)* grau

to grow wachsen
Ben's sunflower is **growing** fast.
Bens Sonnenblume wächst schnell.

Halloween das Halloween
Halloween is on the 31st October.
Halloween ist am 31. Oktober.

to hang up aufhängen
Dad **hung up** the calendar.
Papa hat den Kalender aufgehängt.

hot heiß
It's **hot** and Toby is thirsty.
Es ist heiß und Toby hat Durst.

in in
In autumn. Im Herbst.

January der Januar

July der Juli

June der Juni

kite der Drachen
Ben has an orange **kite**.
Ben hat einen orangefarbenen Drachen.

leaf das Blatt
Which tree is this **leaf** from?
Von welchem Baum ist dieses Blatt?

leaves das Laub
Ben is walking through the **leaves**.
Ben läuft durch das Laub.

to lose verlieren
Trees **lose** their leaves in autumn.
Im Herbst verlieren die Bäume ihre Blätter.

to love lieben
Ben **loves** summer!
Ben liebt den Sommer!

March der März

May der Mai

Monday der Montag

month der Monat
There are twelve **months** in a year.
Ein Jahr hat zwölf Monate.

nest das Nest
Birds build their **nests** in spring.
Vögel bauen im Frühling ihr Nest.

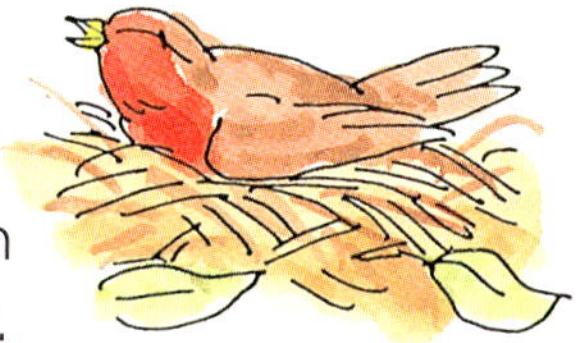

November der November

October der Oktober

on an
On Wednesday. Am Mittwoch.

orange orange

peach der Pfirsich
You can get **peaches** in summer.
Pfirsiche bekommt man im Sommer.

to plant einpflanzen
Ben has **planted** a sunflower.
Ben hat eine Sonnenblume eingepflanzt.

pumpkin der Kürbis
Ben cut a face into the **pumpkin**.
Ben schnitzte ein Gesicht in den Kürbis.

to rain regnen
It`s **raining**.
Es regnet.

red rot

Saturday der Samstag

seed der Samen
This **seed** will grow into a sunflower.
Aus diesem Samen wird einmal eine Sonnenblume.

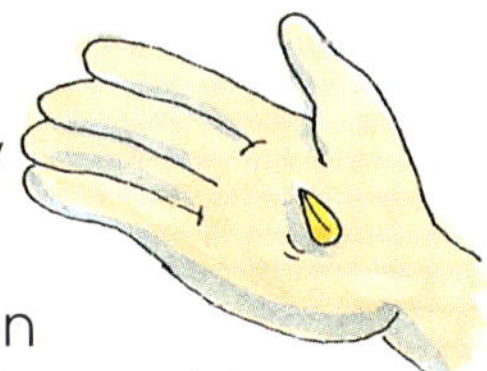

September der September

seven sieben

to shine scheinen
The sun is **shining**!
Die Sonne scheint.

to sing zwitschern
The birds are **singing**.
Die Vögel zwitschern.

snow der Schnee
Muffin is playing in the **snow**.
Muffin spielt im Schnee.

snowman der Schneemann
Ben and Tim built a **snowman**.
Ben und Tim haben einen Schneemann gebaut.

soup die Suppe
Dad has made some hot **soup**.
Papa hat eine heiße Suppe gekocht.

spring der Frühling
Spring starts in March.
Im März fängt der Frühling an.

strawberry die Erdbeere
Strawberries taste good.
Erdbeeren schmecken gut!

summer der Sommer
Summer starts in June.
Im Juni fängt der Sommer an.

sun die Sonne
The **sun** is shining.
Die Sonne scheint.

Sunday der Sonntag

sunflower die Sonnenblume
Ben's **sunflower** is growing fast.
Bens Sonnenblume wächst schnell.

Thursday der Donnerstag

today heute
Today is the 21st June.
Heute ist der 21. Juni.

tree der Baum
The cat is in the **tree**.
Die Katze ist im Baum.

Tuesday der Dienstag

to turn colour sich verfärben
Leaves **turn colour** in autumn.
Im Herbst verfärbt sich das Laub.

twelve zwölf

Wednesday der Mittwoch

week die Woche
A **week** has seven days.
Eine Woche hat sieben Tage.

what? was?
Was ist heute für ein Tag?
– Heute ist Dienstag.

when? wann?
Wann hast du Geburtstag?
– Am 2. Juli.

which? welcher?, welche?, welches?

white weiß

wind der Wind
The **wind** blew away grandpa`s cap!
Der Wind hat Opas Kappe weggeblasen!

winter der Winter
Winter starts in December.
Im Dezember fängt der Winter an.

Und nun zum Schluss:

When is Christmas?
- in May
- in December
- in January

Going

shopping list
money
bananas
newspaper
tomato
carrot
bread
shopping trolley
red pepper

shopping

supermarket
milk
shopping bag
cornflakes
jam
potatoes
checkout

at an, in
At the checkout. An der Kasse.
At the supermarket. Im Supermarkt.

bread das Brot
Put the **bread** in the shopping trolley, please.

Leg das Brot in den Einkaufswagen, bitte.

to buy kaufen
Mum is **buying** bananas, bread and milk.
Mama kauft Bananen, Brot und Milch.

carrot die Möhre
I'd like a pound of **carrots**, please.

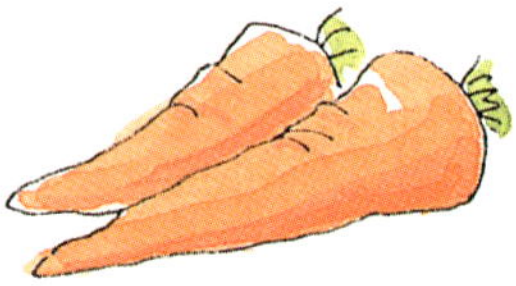

Ich möchte ein Pfund Karotten, bitte.

to carry tragen
Ben is **carrying** the shopping bags.

Ben trägt die Einkaufstaschen.

checkout die Kasse
Please pay at the **checkout**.
Bitte zahlen Sie an der Kasse.

to cook kochen
Dad is **cooking**.
Papa kocht.

to cost kosten

The bananas **cost** eighty pence.
Die Bananen kosten achtzig Pence.

dinner das Abendessen
There is spaghetti for **dinner**.
Es gibt Spaghetti zum Abendessen.

eight acht

eighty achtzig

eleven elf

fifty fünfzig

five fünf

to forget vergessen
Oh dear, mum **forgot** the onions!
Oh je, Mama hat die Zwiebeln vergessen!

forty vierzig

four vier

to go shopping einkaufen gehen
Mum is **going shopping** at the supermarket.
Mama geht im Supermarkt einkaufen.

heavy schwer
The shopping bag is **heavy**.
Die Einkaufstasche ist schwer.

to help helfen
Ben is **helping** mum with the shopping.
Ben hilft Mama mit dem Einkauf.

how many? wie viele?
Wie viele Bananen möchten Sie? - Fünf, bitte.

how much?
was kostet?
Was kostet der Einkauf? - Sieben Pfund und fünfzig Pence.

in in
In the shopping trolley. Im Einkaufswagen.

money das Geld
How much **money** is that? - One pound and fifty-two pence.

Wie viel Geld ist das? - Ein Pfund und zweiundfünfzig Pence.

to need brauchen
We **need** bread and milk.
Wir brauchen Brot und Milch.

newspaper die Zeitung
The **newspaper** is for Grandpa.
Die Zeitung ist für Opa.

nine neun

ninety neunzig

one eins

onion die Zwiebel
Mum forgot the **onions**.
Mama hat die Zwiebeln vergessen.

to pay bezahlen
Mum **paid** at the checkout.
Mama hat an der Kasse bezahlt.

penny, pence der Penny, die Pence
How much do the bananas cost? - Eighty **pence**.
Was kosten die Bananen? - Achtzig Pence.

potato die Kartoffel
Toby likes **potatoes**.
Toby mag Kartoffeln.

pound das Pfund
Mum bought a **pound** of carrots.
Mama kaufte ein Pfund Karotten.

to put legen
Ben **put** the bread in the shopping bag.
Ben legte das Brot in die Einkaufstasche.

red pepper die rote Paprikaschote
Wo sind die roten Paprikaschoten? - Im Einkaufswagen.

seven sieben

seventy siebzig

shopping der Einkauf
Ben is helping mum with the **shopping**.
Ben hilft Mama mit dem Einkauf.

shopping bag die Einkaufstasche
The **shopping bag** is heavy.
Die Einkaufstasche ist schwer.

shopping list der Einkaufszettel
Mum is writing a **shopping list**.
Mama schreibt einen Einkaufszettel.

shopping trolley der Einkaufswagen
Baby May is sitting in the **shopping trolley**.
Baby May sitzt im Einkaufswagen.

six sechs

sixty sechzig

soup die Suppe
Dad is cooking **soup**.
Papa kocht Suppe.

spaghetti die Spaghetti
Dad has cooked **spaghetti**.
Papa hat Spaghetti gekocht.

supermarket der Supermarkt
There is a big **supermarket** in our town.
Es gibt einen großen Supermarkt in unserer Stadt.

ten zehn

thank you danke schön
Thank you, have a nice day!
Danke schön und einen schönen Tag noch!

thirty dreißig

three drei

tomato die Tomate
How many **tomatoes** did you buy? - A pound.
Wie viele Tomaten hast du gekauft? - Ein Pfund.

twelve zwölf

twenty zwanzig

two zwei

what? was?
What do the bananas cost? - Eighty pence.
Was kosten die Bananen? - Achtzig Pence.

with mit
With the shopping. Mit dem Einkauf.

to write schreiben
Mum is **writing** a shopping list.
Mama schreibt einen Einkaufszettel.

Und nun zum Schluss:

What has mum bought?
- bananas
- tomatoes
- carrots

We're going

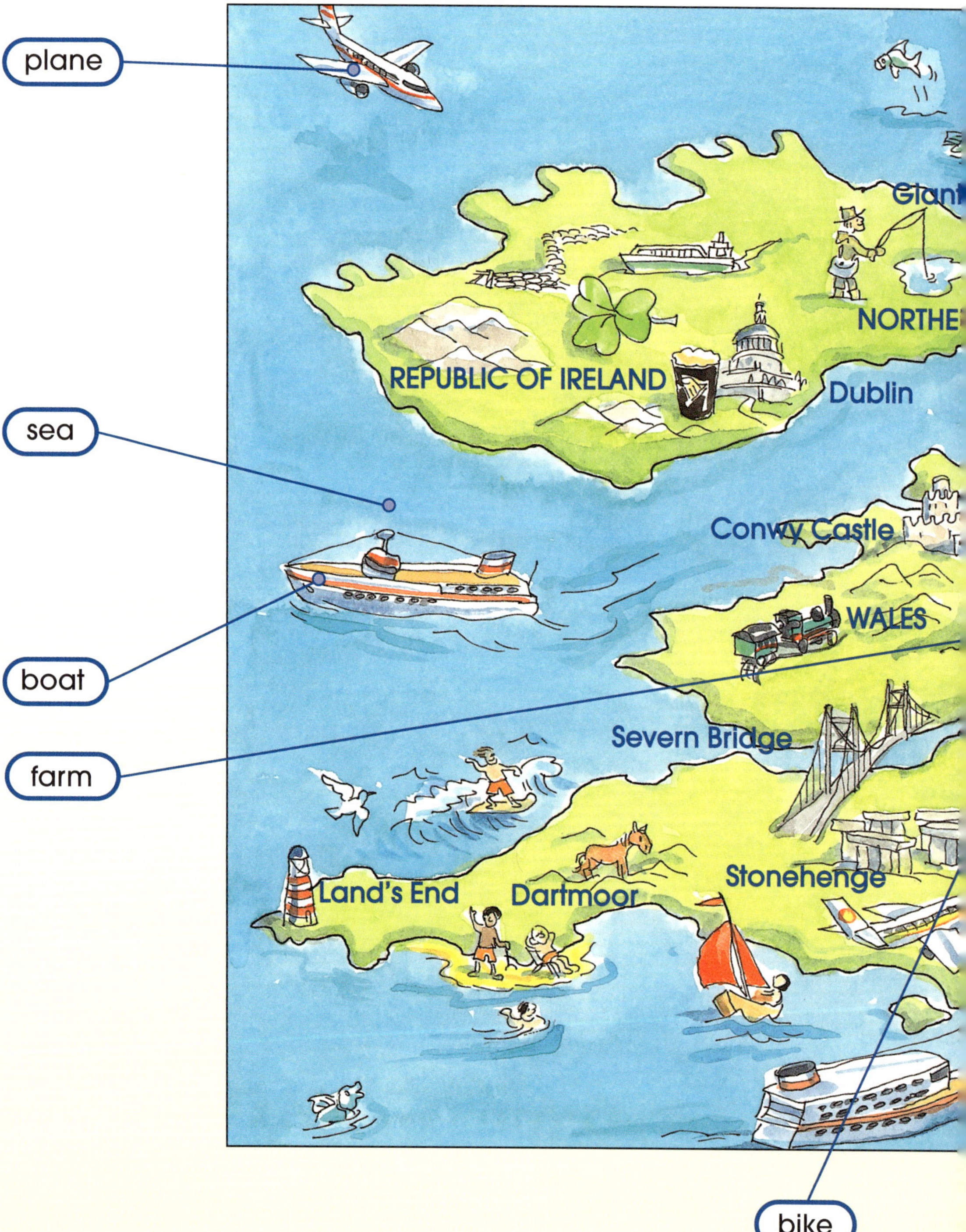
plane
sea
boat
farm
bike
REPUBLIC OF IRELAND
NORTHE
Dublin
Conwy Castle
WALES
Severn Bridge
Land's End
Dartmoor
Stonehenge

on holiday!

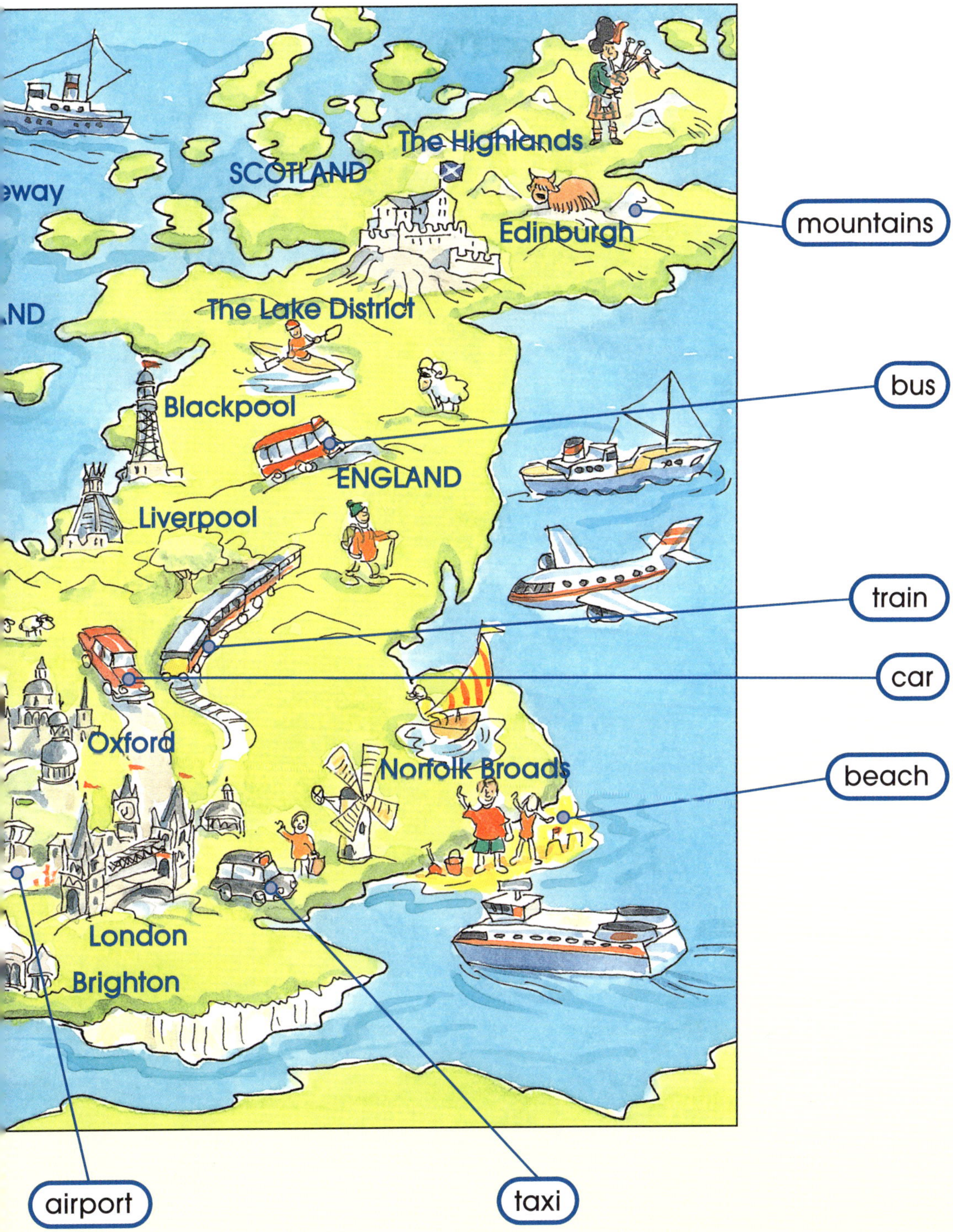

The Highlands
SCOTLAND
Edinburgh
The Lake District
Blackpool
ENGLAND
Liverpool
Oxford
Norfolk Broads
London
Brighton
mountains
bus
train
car
beach
airport
taxi

airport der Flughafen
There were lots of people at the **airport**.
Auf dem Flughafen waren viele Leute.

at an, auf
At the beach. Am Strand.
At the airport. Auf dem Flughafen.

at home zu Hause
Jo is staying **at home** this summer.
Jo bleibt diesen Sommer zu Hause.

Austria Österreich

beach der Strand
Ben and Tim are at the **beach**.
Ben und Tim sind am Strand.

because weil

Belgium Belgien

bike das Fahrrad
Ben is riding his **bike**.
Ben fährt Rad.

boat das Boot
The **boat** leaves the harbour at two o'clock.
Das Boot fährt um zwei Uhr vom Hafen ab.

Britain Großbritannien

to build bauen
Toby is **building** a sandcastle.
Toby baut eine Sandburg.

bus der Bus
We took the **bus** to the airport.
Wir haben den Bus zum Flughafen genommen.

bus stop die Bushaltestelle
Grandpa is waiting at the **bus stop**.
Opa wartet an der Bushaltestelle.

cab *(Am)* das Taxi
Dad is taking a **cab** to the station.
Papa nimmt ein Taxi zum Bahnhof.

car das Auto
The **car** is full!
Das Auto ist voll!

city die Großstadt
London is a **city**.
London ist eine Großstadt.

Denmark Dänemark

during während
During the holiday.
Während des Urlaubs.

to fall fallen
Muffin **fell** in the swimming pool.
Muffin ist in das Schwimmbad gefallen.

farm der Bauernhof
There are cows and sheep on the **farm**.
Auf dem Bauernhof gibt es Kühe und Schafe.

favourite *(Brit)*, **favorite** *(Am)* Lieblings-
Wo ist dein Lieblingsort?
- Am Strand.

to fish angeln
Dad is **fishing**.
Papa angelt.

football das Fußball
The children are playing **football**.
Die Kinder spielen Fußball.

to forget vergessen
Oh dear, dad **forgot** his swimming trunks!
Oh nein, Papa hat seine Badehose vergessen!

France Frankreich

full voll
The suitcase is very **full**.
Der Koffer ist sehr voll.

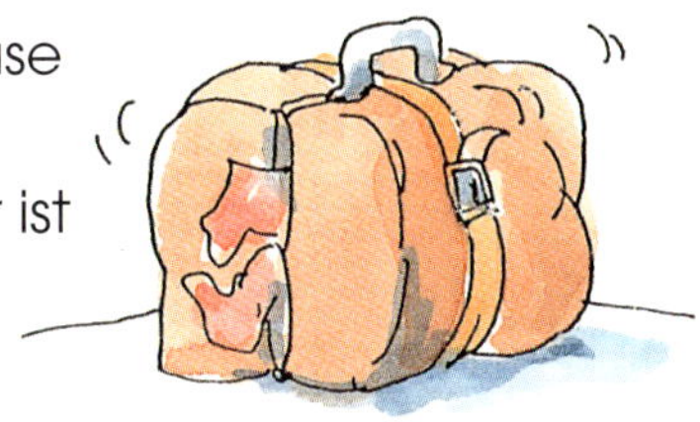

garden der Garten
Grandpa is reading in the **garden**.
Opa liest im Garten.

to go gehen

Wo gehst du hin? - Nach London.

to go hiking wandern gehen
Dad and grandpa are **going hiking**.
Papa und Opa gehen wandern.

to go on holiday in Urlaub fahren

Fahrt ihr in Urlaub? - Ja, wir fahren nach Frankreich.

to go sailing segeln gehen
Tim is **going sailing** during the holiday.
Tim geht während des Urlaubs segeln.

to go swimming schwimmen gehen
Ben is **going swimming**.
Ben geht schwimmen.

Greece Griechenland

happy glücklich
Ben is **happy** because he's going to the beach.
Ben ist glücklich, weil er zum Strand geht.

harbour *(Brit)*, **harbor** *(Am)* der Hafen
There are lots of boats in the **harbour**.
Im Hafen sind viele Boote.

holiday *(Brit)*
der Urlaub

Wo warst du im Urlaub?

hot heiß
It's **hot** and Toby is thirsty.
Es ist heiß und Toby hat Durst.

hotel das Hotel
Our **hotel** has a swimming pool.
Unser Hotel hat ein Schwimmbad.

in in
In the garden. Im Garten.

Italy Italien

to leave abfahren
The train **leaves** at ten o'clock.
Der Zug fährt um zehn Uhr ab.

lots of viele
There were **lots of** people at the airport.
Auf dem Flughafen waren viele Leute.

mountains das Gebirge
We went to the **mountains** on our holiday.
Wir sind im Urlaub ins Gebirge gefahren.

the Netherlands die Niederlande

on in, auf
On holiday. In Urlaub.
On the farm. Auf dem Bauernhof.

to pack packen
Mum is **packing** the suitcases.
Mama packt die Koffer.

people die Leute
These **people** are waiting at the station.
Diese Leute warten am Bahnhof.

place der Ort
Ben's favourite **place** is the beach.
Bens Lieblingsort ist der Strand.

plane das Flugzeug
Wow, that's a big **plane**!
Boah, das ist ein großes Flugzeug!

to play spielen
The children are playing on the **beach**.
Die Kinder spielen am Strand.

Portugal Portugal

to read lesen
Jemma is **reading**.
Jemma liest.

to rollerblade Inliner fahren
Jemma is **rollerblading**.
Jemma fährt Inliner.

sandcastle die Sandburg
Look at Toby's **sandcastle**!
Schaut euch Tobys Sandburg an!

school holiday die Schulferien
The **school holiday** starts tomorrow.
Die Schulferien fangen morgen an.

sea das Meer
Dad is fishing in the **sea**.
Papa angelt im Meer.

seaside das Meer
We're going to the **seaside** on our holiday.
Wir fahren im Urlaub ans Meer.

Spain Spanien

to start anfangen
The school holiday **starts** tomorrow.
Die Schulferien fangen morgen an.

station der Bahnhof
There is a train in the **station**.
Im Bahnhof steht ein Zug.

to stay bleiben
Fährst du in Urlaub? - Nein, ich bleibe zu Hause.

suitcase der Koffer
The **suitcase** is very heavy.
Der Koffer ist sehr schwer.

summer der Sommer
We go on holiday in the **summer**.
Wir fahren im Sommer in Urlaub.

swimming costume der Badeanzug
Hast du deinen Badeanzug? - Ja!

swimming pool das Schwimmbad
Muffin fell in the **swimming pool**.
Muffin ist ins Schwimmbad gefallen.

swimming trunks die Badehose
Oh dear, dad forgot his **swimming trunks**.

Oh nein, Papa hat seine Badehose vergessen!

Switzerland die Schweiz

to take nehmen
We **took** the bus to the airport.

Wir haben den Bus zum Flughafen genommen.

taxi *(Brit)* das Taxi
Dad took a **taxi** to the station.

Papa nahm ein Taxi zum Bahnhof.

tennis das Tennis
Jo played **tennis** in the school holiday.

Jo hat in den Schulferien Tennis gespielt.

ticket die Fahrkarte
Don't forget the **tickets**!

Vergiss die Fahrkarten nicht!

to nach, zu
To Spain. Nach Spanien.
To the beach. Zum Strand.

tomorrow morgen
We're going on holiday **tomorrow**.

Wir fahren morgen in Urlaub.

train der Zug
There is a **train** at the station.

Im Bahnhof steht ein Zug.

Turkey die Türkei

USA die USA

vacation *(Am)*
der Urlaub

Hurra, wir fahren in Urlaub!

to wait warten
Grandpa is **waiting** at the bus stop.

Opa wartet an der Bushaltestelle.

where? wo?
Wo fährst du in Urlaub hin? - Nach Spanien.

At

clock
bell
door
blackboard
teacher
chalk
book
desk
chair
school bag
pen
dictionary

school

classroom
alphabet
ABCDE
FGHIJK
LMNOP
QRSTUV
WXYZ
window
computer
pupil
paper
pencil
pencil case
glue
ruler
scissors

after nach
After dinner.
Nach dem Abendessen.

alphabet das Alphabet
A, B and C are letters of the **alphabet**.
A, B und C sind Buchstaben des Alphabets.

art Kunst
The children are drawing a picture in **art**.
Die Kinder malen in Kunst ein Bild.

at an, auf
At the computer.
Am Computer.

At page eight.
Auf Seite acht.

before vor
Before the lesson.
Vor der Stunde.

bell die Glocke
The **bell** rings before the lesson.
Die Glocke läutet vor der Stunde.

black schwarz

blackboard die Tafel
Ben, please wipe the **blackboard**.
Würdest du bitte die Tafel abwischen, Ben.

blue blau

book das Buch
Open your **book** at page eight.
Öffne dein Buch auf Seite acht.

brown braun

chair der Stuhl
Tim`s school bag is on the **chair**.
Tims Schultasche liegt auf dem Stuhl.

chalk die Kreide
Wo ist die Kreide? – Sie liegt auf dem Schreibtisch.

classroom das Klassenzimmer
This is Ben's **classroom**.

Das ist Bens Klassenzimmer.

clock die Uhr
Mrs Simpson is pointing to the **clock**.

Frau Simpson zeigt auf die Uhr.

computer der Computer
Jane is playing at the **computer**.

Jane spielt am Computer.

desk der Schreibtisch
Please sit down at your **desks**.

Setzt euch bitte an eure Schreibtische.

dictionary das Wörterbuch
Look up `glue` in the **dictionary**.

Schaue „glue" im Wörterbuch nach.

to do machen
Ben **does** his homework after dinner.

Ben macht seine Hausaufgaben nach dem Abendessen.

door die Türe
Shut the **door**, please.

Schließ bitte die Tür.

to draw malen
Ben is **drawing** his dog.

Ben malt seinen Hund.

during während
During the lunch break.

Während der Mittagspause.

eight acht

eighteen achtzehn

eighty achtzig

eleven elf

English Englisch
English is the first lesson today.

Englisch ist heute die erste Stunde.

At school

eraser *(Am)* der Radiergummi
Jo has an **eraser** in her pencil case.
Ja hat einen Radiergummi im Mäppchen.

favourite *(Brit)*, **favorite** *(Am)* Lieblings-
Tim`s **favourite** lesson is maths.
Tims Lieblingsstunde ist Mathe.

fifteen fünfzehn

fifty fünfzig

five fünf

forty vierzig

four vier

fourteen vierzehn

friend der Freund, die Freundin
Fran and Tim are Ben`s **friends**.
Fran und Tim sind Bens Freunde.

glue der Klebstoff
Hast du den Klebstoff? – Ja, ich habe ihn.

goodbye tschüss, auf Wiedersehen
Goodbye, see you tomorrow!
Tschüss, bis morgen!

good morning guten Morgen
Guten Morgen Kinder! – Guten Morgen Frau Simpson!

to go gehen
Ben **goes** to school with Tim.
Ben geht mit Tim zur Schule.

green grün

hello hallo
Hello, I`m Ben!
Hallo, Ich heiße Ben!

to help helfen
Tim is **helping** Ben with his homework.
Tim hilft Ben mit seinen Hausaufgaben.

hi hi, hallo
Hi, I`m Ben!
Hi, ich heiße Ben!

homework die Hausaufgaben
Ben does his **homework** after dinner.
Ben macht seine Hausaufgaben nach dem Abendessen.

hundred hundert

in in
In my school bag.
In meiner Schultasche.

to learn lernen
Toby is **learning** to write.
Toby lernt schreiben.

lesson die Stunde
The first **lesson** today is English.
Englisch ist heute die erste Stunde.

letter der Buchstabe
There are twenty-six **letters** in the alphabet.
Es gibt sechsundzwanzig Buchstaben im Alphabet.

to like mögen
Ben **likes** cheese sandwiches.
Ben mag Käsebrote.

to look at anschauen
Look at the blackboard, please.
Schaut euch die Tafel an, bitte.

to look up nachschlagen
Look up \`glue\` in the dictionary.
Schaue „glue" im Wörterbuch nach.

lunch break die Mittagspause
The pupils play football during the **lunch break**.
Die Schüler spielen während der Mittagspause Fußball.

map die Karte
There is a **map** of Great Britain on the blackboard.
Auf der Tafel ist eine Karte von Großbritannien.

maths Mathe
Tim`s favourite lesson is **maths**.
Tims Lieblingsstunde ist Mathe.

music Musik
Music is the first lesson today.
Musik ist heute die erste Stunde.

nine neun

nineteen neunzehn

ninety neunzig

on auf, an
On the desk. Auf dem Schreibtisch.
On Wednesday. Am Mittwoch.

one eins

to open öffnen
Open the window, please.
Öffne das Fenster, bitte.

opposite gegenüber
Opposite the school.
Gegenüber der Schule.

orange orange

page die Seite
Open your book at **page** eight, please.
Öffne dein Buch auf Seite acht, bitte.

paper das Papier
Write on the **paper**, please.
Schreib bitte auf das Papier.

PE Sport
Ben`s favourite lesson is **PE**.
Bens Lieblingsstunde ist Sport.

pen der Stift
Tim has a green **pen**.
Tim hat einen grünen Stift.

pencil der Bleistift

Hast du einen blauen Stift? – Nein, ich habe einen roten Stift.

pencil case das Mäppchen

Where is your pencil case? – In my school bag.

Wo ist dein Mäppchen? – In meiner Schultasche.

picture das Bild

Ben is drawing a **picture** of Muffin.

Ben malt ein Bild von Muffin.

playground der Schulhof

The pupils are playing in the **playground**.

Die Schüler spielen auf dem Schulhof.

to play spielen

The children are **playing** football.

Die Kinder spielen Fußball.

to point to zeigen auf

Mrs Simpson is **pointing to** the clock.

Frau Simpson zeigt auf die Uhr.

pupil der Schüler, die Schülerin

There are twenty **pupils** in the classroom.

Im Klassenzimmer sind zwanzig Schüler.

to put stecken

Put your books in your school bag, please.

Steck bitte deine Bücher in deine Schultasche.

RE Religion

We have **RE** on Wednesday.

Wir haben am Mittwoch Religion.

to read lesen

Jemma is **reading** a book.

Jemma liest ein Buch.

red rot

to ring klingeln
The bell **rings** before the lesson.
Die Glocke läutet vor der Stunde.

rubber *(Brit)* der Radiergummi
Jo has a **rubber** in her pencil case.
Jo hat einen Radiergummi im Mäppchen.

ruler das Lineal
Fran has a blue **ruler**.
Fran hat ein blaues Lineal.

sandwich das Sandwich
Ben has a cheese **sandwich** at lunchtime.
Ben isst ein Käsebrot zum Mittagessen.

school die Schule
The **school** is opposite the park.
Die Schule liegt gegenüber vom Park.

school bag die Schultasche
Tim`s **school bag** is on the chair.
Tims Schultasche liegt auf dem Stuhl.

scissors die Schere
Be careful with the **scissors**!
Aufpassen mit der Schere!

seven sieben

seventeen siebzehn

seventy siebzig

to shut schließen
Shut the **door**, please.
Schließ bitte die Tür.

to sit down sich hinsetzen
Sit down, please.
Setzt euch, bitte.

six sechs

sixteen sechzehn

sixty sechzig

teacher der Lehrer, die Lehrerin
Mrs Simpson is Ben's **teacher**.
Frau Simpson ist Bens Lehrerin.

ten zehn

thirteen dreizehn

thirty dreißig

three drei

to zu
To school. Zur Schule.

twelve zwölf

twenty zwanzig

two zwei

yellow gelb

what? was?
Was malst du? – Meinen Hund.

where? wo?
Where is your pencil case? – In my school bag.
Wo ist dein Mäppchen? – In meiner Schultasche.

white weiß

window das Fenster
Please open the **window**, Jo.
Öffne bitte das Fenster, Jo.

to wipe abwischen
Ben, please **wipe** the blackboard.
Würdest du bitte die Tafel abwischen, Ben.

with mit
With Tim. Mit Tim.

to write schreiben
Write on the **paper**, please.

Schreib bitte auf dem Papier.

Merry

holly
fireplace
stocking
Father Christmas
Christmas pudding
spoon
turkey
cracker
knife
book
sofa
plate
ball
chair
train
table

Christmas

Christmas card
star
angel
Christmas tree
window
mistletoe
snow
doll
ball
glass
bike
bone
teddy bear
Christmas present

angel der Engel
That's a pretty **angel**!
Das ist ein hübscher Engel!

ball der Ball
Toby got a **ball** for Christmas.
Toby bekam einen Ball zu Weihnachten.

before vor
Before Christmas dinner. Vor dem Weihnachtsessen.

bike das Fahrrad
Ben wished for a **bike**.
Ben wünschte sich ein Fahrrad.

blue blau

book das Buch
This is my favourite **book**.
Das ist mein Lieblingsbuch.

car das Auto
Toby has a new **car**.
Toby hat ein neues Auto.

to celebrate feiern
In Great Britain and the USA Christmas is **celebrated** on the 25th December.

In Großbritannien und den USA wird Weihnachten am 25. Dezember gefeiert.

chimney der Schornstein
Father Christmas is climbing down the **chimney**.
Der Weihnachtsmann klettert gerade in den Schornstein hinein.

Christmas die Weihnachten
I like **Christmas**! Ich mag Weihnachten!

Christmas cake der Weihnachtskuchen
Ben ate too much **Christmas cake**.
Ben hat zu viel Weihnachtskuchen gegessen.

Christmas card die Weihnachtskarte
This **Christmas card** is from Mr Porter.

Diese Weihnachtskarte ist von Herrn Porter.

Christmas carol das Weihnachtslied
Grandma is singing **Christmas carols**.

Oma singt Weihnachtslieder.

Christmas pudding der Christmas Pudding
Christmas pudding is a spicey dessert.

Christmas Pudding ist ein würziger Nachtisch.

Christmas Day der erste Weihnachtsfeiertag
Christmas Day is on the 25th December.

Christmas Day ist am 25. Dezember.

Christmas tree der Weihnachtsbaum
That's a big **Christmas tree**!

Das ist ein großer Weihnachtsbaum!

Christmas dinner das Weihnachtsessen
For **Christmas dinner** we always have turkey.

An Weihnachten gibt es bei uns immer Truthahn.

to climb down klettern
Father Christmas **climbs down** the chimney.

Der Weihnachtsmann klettert durch den Schornstein.

Christmas Eve der Heiligabend
Christmas Eve is on the 24th December.

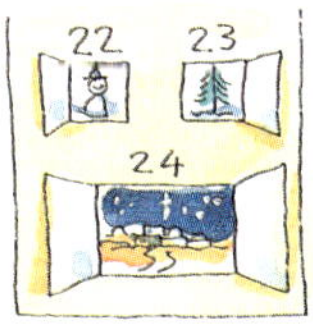

Heiligabend ist am 24. Dezember.

computer game das Computerspiel
Tim got a **computer game** for Christmas.

Tim bekam ein Computerspiel zu Weihnachten.

Christmas present das Weihnachtsgeschenk
There are lots of **Christmas presents** underneath the tree.

Unter dem Weihnachtsbaum liegen viele Weihnachtsgeschenke.

cracker das Knallbonbon
I had a green hat and a little car in my **cracker**.

In meinem Knallbonbon waren ein grüner Hut und ein kleines Auto.

December der Dezember

to decorate schmücken
Jemma is **decorating** the Christmas tree.

Jemma schmückt den Weihnachtsbaum.

doll die Puppe
That's a pretty **doll**, Jo.

Das ist eine hübsche Puppe, Jo.

to eat essen
Ben **ate** three pieces of Christmas cake.

Ben hat drei Stück Weihnachtskuchen gegessen.

ever jemals

Father Christmas *(Brit)* der Weihnachtsmann
Have you ever seen **Father Christmas**?

Hast du jemals den Weihnachtsmann gesehen?

to fill füllen
Father Christmas **fills** the stockings with presents.

Der Weihnachtsmann füllt die Strümpfe mit Geschenken.

fireplace der Kamin
We hang our stockings on the **fireplace**.

Wir hängen unsere Strümpfe am Kamin.

for zu
For Christmas. Zu Weihnachten.

from von
From Mr Porter. Von Herrn Porter.

to get bekommen
What did you **get** for Christmas? - A bike!

Was hast du zu Weihnachten bekommen? - Ein Fahrrad!

to give geben
Ben **gave** Muffin a bone.

Ben gab Muffin einen Knochen.

gold gold

green grün

to hang hängen
Jemma **hung** the angel on the tree.

Jemma hing den Engel an den Weihnachtsbaum.

Happy New Year! ein frohes neues Jahr!

holly die Stechpalme
The house was decorated with **holly**.

Das Haus war mit Stechpalmzweigen festlich geschmückt.

to kiss küssen
Mum **kissed** dad.

Mama küsste Papa.

lots of viele
Mum and dad have **lots of** Christmas cards.

Mama und Papa haben viele Weihnachtskarten.

Merry Christmas! Frohe Weihnachten!
Merry Christmas Ben!

Frohe Weihnachten, Ben!

mistletoe der Mistelzweig
Mum kissed dad underneath the **mistletoe**.

Mama küsste Papa unter dem Mistelzweig.

New Year's Eve der Silvester
We had a party on **New Year's Eve**.
Wir haben an Silvester eine Party gemacht.

on an
On Christmas Eve. An Heiligabend.

to open aufmachen
Toby **opened** his present.

Toby hat sein Geschenk aufgemacht.

pretty hübsch
Jo is **pretty**. Jo ist hübsch.

puzzle das Puzzle
Ben is doing a **puzzle**.

Ben macht ein Puzzle.

red rot

Rudolph (the red-nosed reindeer)
Rudolf(, das Rentier mit der roten Nase)
Rudolph pulls Father Christmas' sleigh.

Rudolf zieht den Schlitten vom Weihnachtsmann.

Merry Christmas

Santa Claus *(Am)* der Weihnachtsmann
Have you ever seen **Santa Claus**?
Hast du jemals den Weihnachtsmann gesehen?

silver silber

to sing singen
Grandma is **singing**.
Oma singt.

sleigh der Schlitten
This is Father Christmas' **sleigh**.

Das ist der Schlitten vom Weihnachtsmann.

some etwas
Can I have **some** lemonade, please?
Könnte ich etwas Limonade haben, bitte?

spicey würzig

star der Stern
Jemma hung the **star** on the tree.
Jemma hing den Stern an den Weihnachtsbaum.

stocking der Strumpf
Father Christmas fills the **stockings** with presents.
Der Weihnachtsmann füllt die Strümpfe mit Geschenken.

to taste schmecken
Mmm, the Christmas cake **tastes** yummy!
Mmm, der Weihnachtskuchen schmeckt lecker!

teddy bear der Teddy
Ben's **teddy bear** is called Bert.

Bens Teddy heißt Bert.

thank you! danke!
Danke für das Geschenk, Oma!

too much zu viel
Ben ate **too much**.
Ben hat zu viel gegessen.

train der Zug
Ben and Tim are playing with the **train**.

Ben und Tim spielen mit dem Zug.

turkey der Truthahn

We always have **turkey** for Christmas dinner.

An Weihnachten gibt es bei uns immer Truthahn.

underneath unter

Underneath the tree.

Unter dem Baum.

what? was?

Was ist das? - Das ist ein Fahrrad!

where? wo?

Wo ist Felix? - Unter dem Baum.

to wish for sich wünschen

Ben **wished for** a bike for Christmas.

Ben wünschte sich ein Fahrrad zu Weihnachten.

with mit

With presents. Mit Geschenken.

yellow gelb

Und nun zum Schluss:

How many Christmas cards are there?

- twelve
- one
- eleven

What is this?

- a Christmas cracker
- a Christmas pudding
- a Christmas card

When is Christmas Day?

- on the 24th December
- on the 25th December
- on the 26th December

My

sun
pyjamas
bed

cornflakes
tea
cup

children
football
lunch

guitar
bed

homework
desk
chair

tree
jacket
shoe

day

cap
jacket
football
school bag

blackboard
teacher
desk
pencil

friends
rollerblade

spaghetti
plate
glass
salad

bathrooom
vest
underpants

star
teddy
bed

after nach
After dinner. Nach dem Abendessen.

afternoon der Nachmittag
Ben plays his guitar in the **afternoon**.

Ben spielt nachmittags auf seiner Gitarre.

afterwards danach
Afterwards Ben goes rollerblading.

Danach geht er Inliner fahren.

before vor
Before dinner. Vor dem Abendessen.

breakfast das Frühstück
Breakfast is at eight o'clock.

Frühstück gibt es um acht Uhr.

to come kommen
Ben **comes** home at quarter to four.

Ben kommt um Viertel vor vier nach Hause.

cornflakes die Cornflakes
Ben and Jemma eat **cornflakes** for breakfast.

Ben und Jemma essen zum Frühstück Cornflakes.

day der Tag
Welcher Tag ist heute? - Es ist Freitag.

dinner das Abendessen
There is spaghetti for **dinner**.

Es gibt Spaghetti zum Abendessen.

to do machen
Ben **does** his homework after dinner.

Ben macht seine Hausaufgaben nach dem Abendessen.

to drink trinken
Abi is **drinking** orange juice.

Abi trinkt Orangensaft.

to eat essen
Ben **eats** a sandwich at lunch.

Ben isst ein belegtes Brot zum Mittagessen.

eight acht

eleven elf

evening der Abend
Ben watches TV in the **evening**.
Ben schaut abends Fern.

everyone alle
Everyone likes spaghetti.
Alle mögen Spaghetti.

five fünf

football das Fußball
The children are playing **football**.
Die Kinder spielen Fußball.

for zu
For breakfast. Zum Frühstück.

four vier

friend der Freund, die Freundin
Fran and Tim are Ben's **friends**.
Fran und Tim sind Bens Freunde.

to get up aufstehen
Ben **gets up** at half past seven.
Ben steht um halb acht auf.

to go for a walk spazieren gehen
Ben is **going for a walk** with Muffin.
Ben geht mit Muffin spazieren.

good morning guten Morgen
Guten Morgen, Kinder! Guten Morgen

good night gute Nacht
Good night Ben!
Gute Nacht, Ben!

to go rollerblading Inliner fahren
Tim is **going rollerblading**.
Tim fährt Inliner.

My day

to go to bed ins Bett gehen

Ben **goes to bed** at half past eight.

Ben geht um halb neun ins Bett.

guitar die Gitarre

Ben is playing the **guitar**.

Ben spielt auf der Gitarre.

half past halb

Half past eight.

Halb neun.

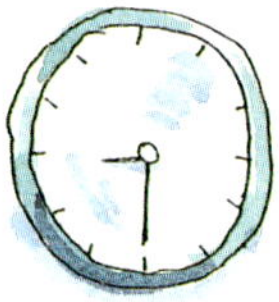

to have breakfast frühstücken

Ben **has breakfast** at eight o'clock.

Ben frühstückt um acht Uhr.

to have dinner zu Abend essen

The family **has dinner** at six o'clock.

Die Familie isst um sechs Uhr zu Abend.

hello hallo

Hello Tim!

Hallo Tim!

home nach Hause

Ben comes **home** at quarter to four.

Ben kommt um Viertel vor vier nach Hause.

homework die Hausaufgaben

Ben does his **homework** after dinner.

Ben macht seine Hausaufgaben nach dem Abendessen.

in an, auf

In the afternoon. Am Nachmittag.

In the playground. Auf dem Schulhof.

jam *(Brit)*, **jelly** *(Am)* die Marmelde

Toby eats toast with **jam** for breakfast.

Toby isst Toast mit Marmelade zum Frühstück.

lesson die Stunde

The **lesson** starts at nine o'clock.

Die Stunde fängt um neun Uhr an.

lunch das Mittagessen
The children eat sandwiches for **lunch**.

Die Kinder essen Sandwiches zum Mittagessen.

morning der Morgen
Muffin wakes Ben in the **morning**.

Morgens weckt Muffin Ben.

night die Nacht
It's **night** and everyone is sleeping.

Es ist Nacht und alle schlafen.

nine neun

o'clock Uhr
It's five **o'clock**.

Es ist fünf Uhr.

one eins

or oder

Orangensaft oder Tee? - Tee, bitte.

orange juice der Orangensaft
Abi drinks **orange juice** for breakfast.

Abi trinkt Orangensaft zum Frühstück.

to play spielen
The children are **playing** football.

Die Kinder spielen Fußball.

playground der Schulhof
Where are the children? – In the **playground**.

Wo sind die Kinder? – Auf dem Schulhof.

quarter past Viertel nach
Jemma gets up at **quarter past** seven.

Jemma steht um Viertel nach sieben auf.

quarter to Viertel vor
Ben comes **home** at quarter to four.

Ben kommt um Viertel vor vier nach Hause.

sandwich das belegte Brot
Ben likes **sandwiches**.

Ben mag belegte Brote.

school die Schule
Ben walks to **school** at half past eight.
Ben läuft um halb neun zur Schule.

seven sieben

six sechs

to sleep schlafen
Sshh, the baby is **sleeping**.
Sshh, das Baby schläft.

to start anfangen
The lesson **starts** at nine o'clock.
Die Stunde fängt um neun Uhr an.

tea der Tee
Dad drinks **tea** for breakfast.
Papa trinkt Tee zum Frühstück.

ten zehn

three drei

time die Zeit
The **time** is five o'clock.
Die Zeit ist fünf Uhr.

tired müde

Ich bin müde. Ich gehe ins Bett.

to zu
To school. Zu Schule.

toast das Toast
Toby eats **toast** with jam for breakfast.
Toby isst Toast mit Marmelade zum Frühstück.

today heute
What did you do **today**?

Was hast du heute gemacht?

tomorrow morgen
Tomorrow is Saturday.
Morgen ist Samstag.

twelve zwölf

to wake wecken
Muffin **wakes** Ben.

Muffin weckt Ben.

what's the time? wie viel Uhr ist es?
What's the time?
- It's five o'clock.

Wie viel Uhr ist es?
- Es ist fünf Uhr.

to walk laufen
Ben **walks** to school.

Ben läuft zur Schule.

where? wo?
Where are the children? - In the playground.

Wo sind die Kinder? - Auf dem Schulhof.

to wash waschen
Ben is **washing** his face.

Ben wäscht sich das Gesicht.

with mit
With Muffin. Mit Muffin.

yesterday gestern
Yesterday was Thursday.

Gestern war Donnerstag.

to watch TV Fernseh schauen
Sometimes Ben **watches TV** after school.

Manchmal schaut Ben nach der Schule Fern.

what? was?
What is that? -
It's a sandwich.

Was ist das? -
Das ist ein belegtes Brot.

Und nun zum Schluss:

What's the time?
- four o'clock
- half past four
- quater to four

The town

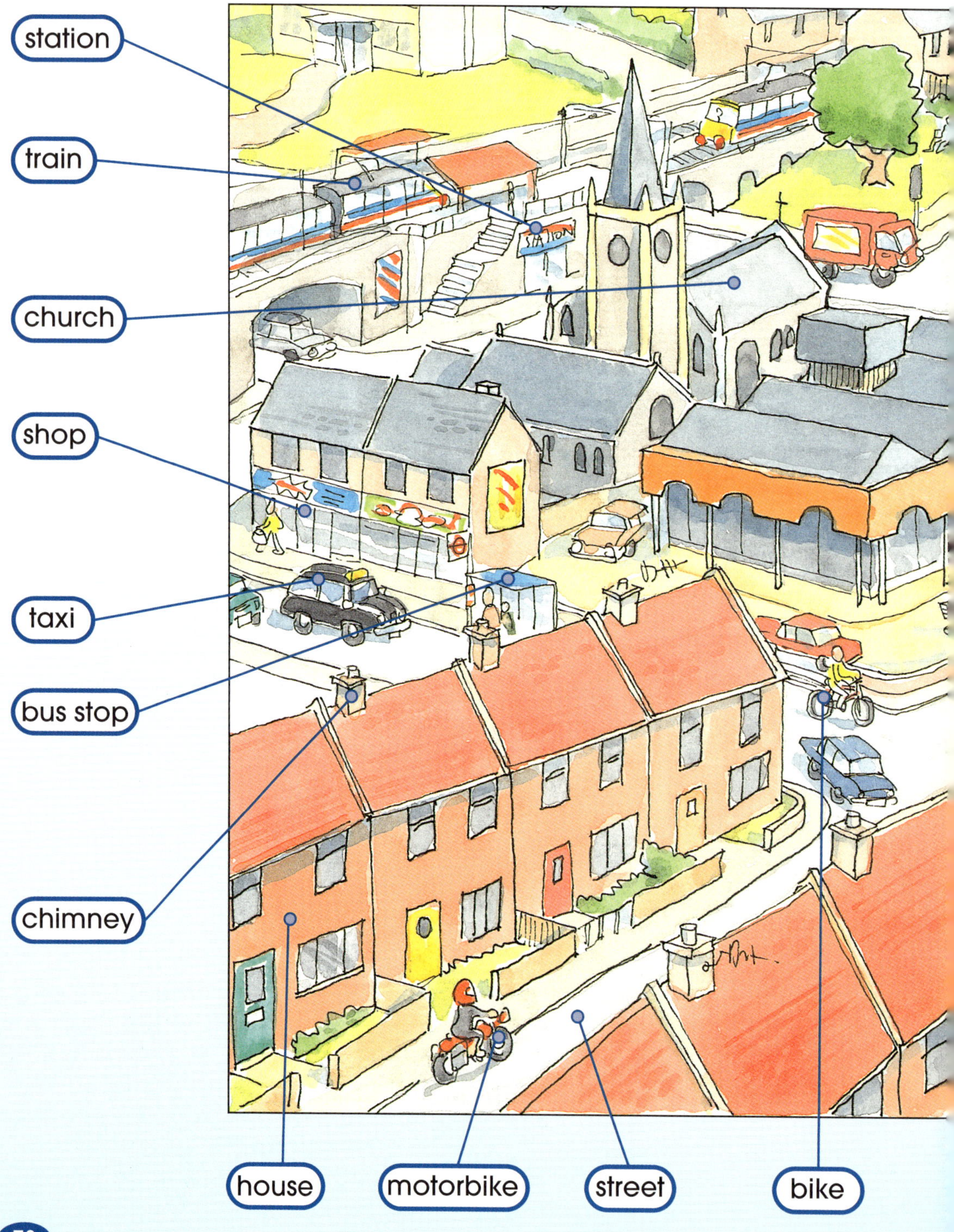
STATION
station
train
church
shop
taxi
bus stop
chimney
house
motorbike
street
bike

where I live

hospital
bus
traffic lights
school
school playground
telephone box
park
tree
garage
car
bakery
garden
supermarket
HOSPITAL
SCHOOL
SUPERMARKET
FRESH BREAD

at an
At the traffic lights. An der Ampel.

bakery die Bäckerei
Mum buys bread at the **bakery**.
Mama kauft Brot in der Bäckerei.

to be sein
This **is** our street. Das ist unsere Straße.

big groß
We live in a **big** house.
Wir wohnen in einem großen Haus.

bike das Fahrrad
Ben is riding his **bike**.
Ben fährt auf seinem Fahrrad.

bus der Bus
Grandma is getting on the **bus**.
Oma steigt in den Bus ein.

bus stop die Bushaltestelle
Grandpa is waiting at the **bus stop**.
Opa wartet an der Bushaltestelle.

cab *(Am)* das Taxi
The **cab** is taking Dad to the station.
Das Taxi fährt Papa zum Bahnhof.

car das Auto
Uncle Tom has a green **car**.
Onkel Tom hat ein grünes Auto.

church die Kirche
The **church** is opposite the station.
Die Kirche liegt gegenüber vom Bahnhof.

garage die Garage
Our car is in the **garage**.
Unser Auto steht in der Garage.

garden der Garten
Grandpa is in the **garden**.
Opa ist im Garten.

to get on einsteigen in
Grandma is **getting on** the bus.

Oma steigt in den Bus ein.

hospital das Krankenhaus
The **hospital** is next to the school.
Das Krankenhaus liegt neben der Schule.

house das Haus
We live in a big **house**.
Wir wohnen in einem großen Haus.

in in, auf
In the garage. In der Garage.
In the playground. Auf dem Schulhof.

to live wohnen
I **live** in this town.
Ich wohne in dieser Stadt.

motorbike das Motorrad
The **motorbike** is very loud.
Das Motorrad ist sehr laut.

next to neben
Next to the school. Neben der Schule.

opposite gegenüber
Opposite the station. Gegenüber vom Bahnhof.

park der Park
Mum, Toby and Muffin are in the **park**.
Mama, Toby und Muffin sind im Park.

to play spielen

The children are **playing** football.
Die Kinder spielen Fußball.

playground der Schulhof
The children are in the **playground**.
Die Kinder sind auf dem Schulhof.

quiet ruhig
It's **quiet** in the park.

Es ist ruhig im Park.

to ride a bike Rad fahren
Ben is **riding his bike**.

Ben fährt auf seinem Fahrrad.

school die Schule
The **school** is opposite the park.

Die Schule liegt gegenüber vom Park.

shop das Geschäft
There are **shops** next to the church.

Neben der Kirche sind Geschäfte.

small klein
This is a **small** park.

Das ist ein kleiner Park.

station der Bahnhof
There is a train in the **station**.

Im Bahnhof steht ein Zug.

to stop halten
The cars **stop** at the traffic lights.

Die Autos halten an der Ampel.

street die Straße
We live in a quiet **street**.

Wir wohnen in einer ruhigen Straße.

supermarket der Supermarkt
There is a big **supermarket** in our town.

In unserer Stadt gibt es einen großen Supermarkt.

to take nehmen
Dad is **taking** a taxi to the station.

Papa nimmt ein Taxi zum Bahnhof.

taxi *(Brit)* das Taxi
The **taxi** is taking Dad to the station.

Das Taxi fuhr Papa zum Bahnhof.

telephone box die Telefonzelle
There is a **telephone box** opposite the hospital.

Gegenüber vom Krankenhaus steht eine Telefonzelle.

to zu
To the station. Zum Bahnhof.

town die Stadt
We live in a small **town**.

Wir wohnen in einer kleinen Stadt.

traffic lights die Ampel
The cars are waiting at the **traffic lights**.

Die Autos warten an der Ampel.

train der Zug
There is a **train** in the station.

Im Bahnhof steht ein Zug.

to wait warten
Grandpa is **waiting** at the bus stop.

Opa wartet an der Bushaltestelle.

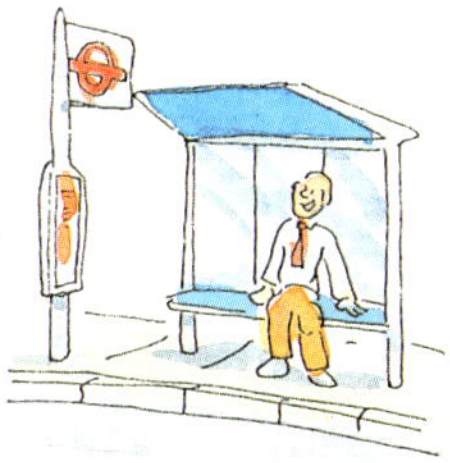

where? wo?
Where are the children? - In the playground.

Wo sind die Kinder? - Auf dem Schulhof.

Und nun zum Schluss:

Where is grandpa?
- at the bus stop
- in the bus
- at the supermarket

My

wardrobe
book
guitar
computer
computer game
lamp
paper
pencil
pen
plane
glue
desk
chair
cap

toys

VISIT LONDON
poster
bedroom
ball
teddy bear
radio
bed
jeans
pyjamas
shoe
train
car

My toys

at an
At the desk. Am Schreibtisch.

ball der Ball
Can I have the **ball**, please?
Kann ich bitte den Ball haben?

to be sein
Where **are** my jeans? - On the bed.
Wo sind meine Jeans? - Auf dem Bett.

to be called heißen
I **am called** Ben.
Ich heiße Ben.

bed das Bett
Muffin is under the **bed**.
Muffin ist unter dem Bett.

bedroom das Schlafzimmer
This is Ben's **bedroom**.
Das ist Bens Schlafzimmer.

black schwarz

blue blau

book das Buch
This is my favourite **book**.
Das ist mein Lieblingsbuch.

brown braun

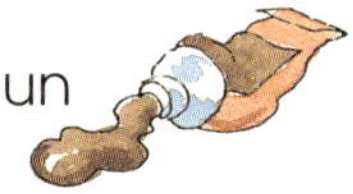

car das Auto
Toby is playing with his **cars**.
Toby spielt mit seinen Autos.

chair der Stuhl
Tim's school bag is on the **chair**.
Tims Schultasche ist auf dem Stuhl.

computer der Computer
Jane is playing at the **computer**.
Jane spielt am Computer.

computer game das Computerspiel
Möchtest du dieses Computerspiel spielen?

desk der Schreibtisch
Fran is sitting at the **desk**.
Fran sitzt am Schreibtisch.

to do machen

Was machst du? - Ich lese.

doll die Puppe
That's a pretty **doll**, Jo.
Das ist eine hübsche Puppe, Jo.

favourite *(Brit)*, **favorite** *(Am)* Lieblings-
This is Ben's **favourite** book.
Das ist Bens Lieblingsbuch.

gray *(Am)* grau

green grün

grey *(Brit)* grau

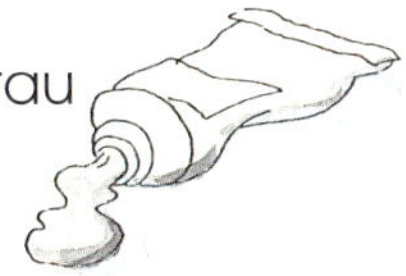

guitar die Gitarre
Ben plays the **guitar**.
Ben spielt Gitarre.

to hang hängen
The clothes are **hanging** in the wardrobe.
Die Kleider hängen im Schrank.

to have haben
Ben **has** a computer.
Ben hat einen Computer.

in in
In the wardrobe. Im Schrank.

jeans die Jeans
Hang your **jeans** in the wardrobe, please.
Häng deine Jeans in den Schrank, bitte.

lamp die Lampe
Can you turn on the **lamp**, please?
Kannst du bitte die Lampe anschalten.

to like mögen
Jemma **likes** orange juice.
Jemma mag Orangensaft.

My toys

to listen to hören
Ben is **listening to** the radio.
Ben hört Radio.

new neu
Ist diese Uhr neu? - Ja.

on an, auf
On the wall. An der Wand.
On the bed. Auf dem Bett.

orange orange

paper das Papier
Tidy up the **papers**, Ben!
Räum bitte die Papiere auf, Ben!

pencil der Bleistift
Hast du einen blauen Bleistift? - Nein, ich habe einen roten Bleistift.

pink pink

plane das Flugzeug
Ben likes **planes**.
Ben mag Flugzeuge.

to play spielen
The children are **playing** football.
Die Kinder spielen Fußball.

poster das Poster
There is a **poster** on the wall.
Ein Poster hängt an der Wand.

pretty hübsch
This doll is **pretty**.
Diese Puppe ist hübsch.

to put on anziehen
Jo is **putting on** her shoes.
Jo zieht ihre Schuhe an.

puzzle das Puzzle
Ben is doing a **puzzle**.
Ben macht ein Puzzle.

radio das Radio
Let's listen to the **radio**.
Lass uns Radio hören.

to read lesen
Jemma is **reading**.
Jemma liest.

red rot

school bag die Schultasche
This is Tim's **school bag**.
Das ist Tims Schultasche.

shoe der Schuh
Jo is putting on her **shoes**.
Jo zieht ihre Schuhe an.

to sit sitzen
Where is Fran **sitting**? - At the desk.
Wo sitzt Fran? - Am Schreibtisch.

teddy bear der Teddy
Ben's **teddy bear** is called Bert.
Bens Teddy heißt Bert.

to tidy up aufräumen
Tidy up your bedroom, Ben!
Räum dein Zimmer auf, Ben!

toy das Spielzeug
Toby has a lot of **toys**.
Toby hat viel Spielzeug.

train die Eisenbahn
Ben and Tim are playing with the **train**.

Ben und Tim spielen mit dem Zug.

to turn on anschalten
Tim **turned on** the lamp.
Tim schaltete die Lampe an.

under unter
Under the bed. Unter dem Bett.

wardrobe der Schrank
Ben hung his jeans in the **wardrobe**.
Ben hing seine Jeans in den Schrank.

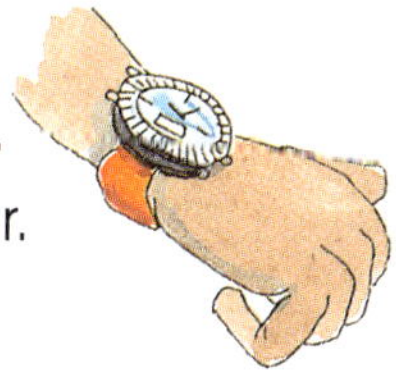

watch die Uhr
Tim has a new **watch**.
Tim hat eine neue Uhr.

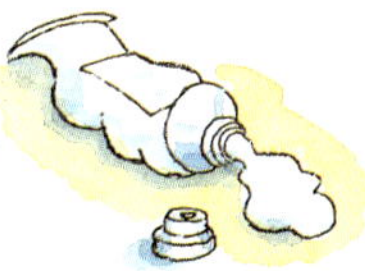

white weiß

with mit
With his cars. Mit seinen Autos.

yellow gelb

Happy

HAPPY BIRTHDA
balloon
ghost
witch
hamburger
lemonade
fork
clown
plate
chips
ice cream
spoon

birthday!

BEN !
BEN
present
monkey
princess
radio
cowboy
candle
glass
orange juice
knife
birthday cake

Happy birthday!

as als
As a clown. Als Clown.

at um
At four o`clock. Um vier Uhr.

balloon der Luftballon
There are red, green and blue **balloons**.
Es gibt rote, grüne und blaue Luftballons.

big groß
That`s a very **big** present!
Das ist ein sehr großes Geschenk!

birthday der Geburtstag
Happy **birthday**, Ben!
Alles Gute zum Geburtstag, Ben!

birthday cake der Geburtstagskuchen
The **birthday cake** tastes yummy!
Der Geburtstagskuchen schmeckt lecker!

to blow out ausblasen
Ben **blew out** all the candles.
Ben blies alle Kerzen aus.

blue blau

bye tschüss
Bye, see you on Monday!
Tschüss, bis Montag!

candle die Kerze
There are nine **candles** on the cake.
Auf dem Kuchen sind neun Kerzen.

CD die CD
I like this **CD**!
Ich mag diese CD!

child, children das Kind, die Kinder
There are five **children** at the party.
Fünf Kinder sind auf der Party.

chips *(Brit)* die Pommes frites
The children are eating hamburgers and **chips**.
Die Kinder essen Hamburger und Pommes frites.

clown der Clown
Tim is dressed up as a **clown**.
Tim ist als Clown verkleidet.

to come kommen
Kommst du zu meiner Party?
– Ja, ich komme.

cowboy der Cowboy
Ben is a **cowboy**.
Ben ist ein Cowboy.

to dress up sich verkleiden
The children have **dressed up**.
Die Kinder haben sich verkleidet.

to drink trinken
Abi is **drinking** orange juice.
Abi trinkt Orangensaft.

to eat essen
Ben is **eating** a sandwich.
Ben isst ein belegtes Brot.

eight acht

eleven elf

four vier

five fünf

for zu
For his birthday.
Zu seinem Geburtstag.

French fries *(Am)* die Pommes frites
The children are eating hamburgers and **French fries**.
Die Kinder essen Hamburger und Pommes frites.

Friday der Freitag

friend der Freund, die Freundin
Fran and Tim are Ben`s **friends**.
Fran und Tim sind Bens Freunde.

to get bekommen
Ben **got** rollerblades for his birthday.
Ben bekam Inliner zum Geburtstag.

ghost der Geist
Fran is dressed up as a **ghost**.
Fran ist als Geist verkleidet.

to give geben
Abi and Rachel **gave** Ben a CD.
Abi und Rachel gaben Ben eine CD.

green grün

hamburger der Hamburger
Tim likes **hamburgers**.
Tim mag Hamburger.

have haben
Ben **has** lots of presents.
Ben hat viele Geschenke.

hello hallo
Hello! Happy birthday!
Hallo! Alles Gute zum Geburtstag!

ice cream das Eis
Möchtest du etwas Eis?
– Ja, bitte!

to invite einladen
Ben **invited** five friends to his party.
Ben hat fünf Freunde zu seiner Party eingeladen.

lemonade die Limonade
Where is the **lemonade**?
– On the table.
Wo ist die Limonade?
– Auf dem Tisch.

lots viele
There are **lots** of balloons.
Da sind viele Luftballons.

to make a wish sich etwas wünschen
Blow out the candles and **make a wish**.
Blas die Kerzen aus und wünsch dir was.

Monday der Montag

monkey der Affe
Who is the **monkey**?
– Oh, it`s Jo.
Wer ist der Affe?
– Oh, es ist Jo.

nine neun

o'clock Uhr
The party is at four **o'clock** on Saturday.
Die Party findet am Samstag um vier Uhr statt.

on an, auf
On Saturday. Am Samstag.
On the table. Auf dem Tisch.

one eins

orange juice der Orangensaft
Abi is drinking **orange juice**.
Abi trinkt Orangensaft.

party die Party
It`s Ben`s birthday and he`s having a **party**.
Es ist Bens Geburtstag und er macht eine Party.

piece das Stück
This a big **piece** of birthday cake.
Das ist ein großes Stück Geburtstagskuchen.

pink pink

present das Geschenk
That's a big **present**!
Das ist ein großes Geschenk!

princess die Prinzessin
Abi is a **princess**.
Abi ist eine Prinzessin.

red rot

rollerblade der Inliner
Ben **got** rollerblades for his birthday.
Ben bekam Inliner zum Geburtstag.

Saturday der Samstag

seven sieben

six sechs

Sunday der Sonntag

to taste schmecken
The **birthday cake** tastes yummy!
Der Geburtstagskuchen schmeckt lecker!

ten zehn

thank you vielen Dank
Vielen Dank für das Geschenk!

three drei

Thursday der Donnerstag

Tuesday der Dienstag

twelve zwölf

two zwei

to unwrap auspacken
Ben is **unwrapping** a present.
Ben packt ein Geschenk aus.

very sehr
This present is **very** big.
Dieses Geschenk ist sehr groß.

Wednesday der Mittwoch

when? wann?
Wann ist deine Party?
– Sie ist am Samstag.

who? wer?
Who is this? – It's Tim!
Wer ist das? – Es ist Tim!

witch die Hexe
Rachel is a **witch**.
Rachel ist eine Hexe.

yellow gelb

yummy lecker
Mmm, the ice cream is **yummy**!
Mmm, das Eis schmeckt lecker!

Food

church
ice cream
roll
lemonade
pizza
apple
coke
jam
sausage
cheese
plate
bread
cucumber
glass
fork
knife

and drink

bird
tree
bee
cow
cup
cake
spoon
orange
crisps
bowl
banana
pear
chicken
fish
tomato
red pepper
grapes
ketchup

apple der Apfel
This is a nice red **apple**.
Das ist ein schöner, roter Apfel.

at in, um
At the bakery. In der Bäckerei.
At six o'clock. Um sechs Uhr.

to bake backen
Mum **baked** the cake in the oven.

Mama hat den Kuchen im Ofen gebacken.

banana die Banane
Baby May likes **bananas**.
Baby May mag Bananen.

bean die Bohne
Tim doesn't like **beans**.
Tim mag keine Bohnen.

to be hungry Hunger haben
Felix **is hungry**.
Felix hat Hunger.

to be thirsty Durst haben
It's hot and Toby **is thirsty**.
Es ist heiß und Toby hat Durst.

big groß
Tim is eating a **big** hamburger.
Tim isst einen großen Hamburger.

bowl die Schüssel
The spaghetti is in a **bowl**.
Die Spaghetti sind in einer Schüssel.

bread das Brot
Mum bought **bread** at the bakery.
Mama kaufte Brot in der Bäckerei.

to break kaputtmachen
Toby **broke** a plate.
Toby hat einen Teller kaputtgemacht.

breakfast das Frühstück
Breakfast is at eight o'clock.
Um acht Uhr gibt es Frühstück.

brown braun

butter die Butter
The **butter** is soft!
Die Butter ist weich!

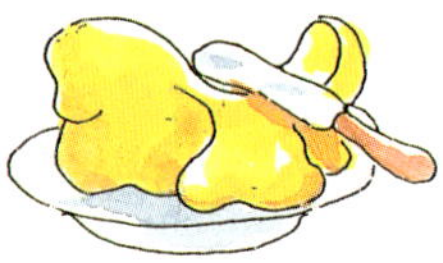

to buy kaufen
Mum is **buying** bananas, bread and milk.
Mama kauft Bananen, Brot und Milch.

cake der Kuchen
Mum baked a **cake**.
Mama hat einen Kuchen gebacken.

carrot die Karotte
Can I have a **carrot**, please?
Kann ich bitte eine Karotte haben?

cheese der Käse
Muffin does not like **cheese**.
Muffin mag kein Käse.

chicken das Hühnchen
Mmmm, the **chicken** smells good!
Mmm, das Hühnchen riecht gut!

chips *(Brit)* die Pommes frites
Ben likes his **chips** with ketchup.
Ben mag seine Pommes frites mit Ketchup.

chips *(Am)* die Chips
Ben is sharing his **chips** with Tim.
Ben teilt seine Chips mit Tim.

chocolate die Schokolade
Would you like a piece of **chocolate**?
Möchtest du ein Stück Schokolade?

coffee der Kaffee
Grandpa drinks **coffee** in the morning.
Opa trinkt morgens Kaffee.

coke die Cola
Can I have some more **coke**, please?
Kann ich bitte etwas mehr Cola haben?

to cook kochen
Dad is **cooking**.
Papa kocht.

cornflakes die Cornflakes
Ben has **cornflakes** for breakfast.
Ben isst Cornflakes zum Frühstück.

crisps *(Brit)* die Chips
Ben is sharing his **crisps** with Tim.
Ben teilt seine Chips mit Tim.

cucumber die Gurke
This is a long **cucumber**!
Das ist eine lange Gurke!

cup die Tasse

What's in the **cup**? - It's tea.
Was ist in der Tasse? - Es ist Tee.

to cut schneiden
Grandma **cut** the cake.
Oma hat den Kuchen geschnitten.

dessert der Nachtisch
What's for **dessert**? - Ice cream.

Was gibt es zum Nachtisch? - Eis.

dinner das Abendessen
Dinner is at six o'clock.
Um sechs Uhr gibt es Abendessen.

to drink trinken
Abi is **drinking** orange juice.
Abi trinkt Orangensaft.

to eat essen
Ben is **eating** a cheese sandwich.
Ben isst ein Käsebrot.

to feed füttern
Ben always **feeds** Felix.
Ben füttert immer Felix.

fish der Fisch

Felix likes **fish**!
Felix mag Fisch!

for zu
For breakfast. Zum Frühstück.

fork die Gabel
This is a **fork**.
Das ist eine Gabel.

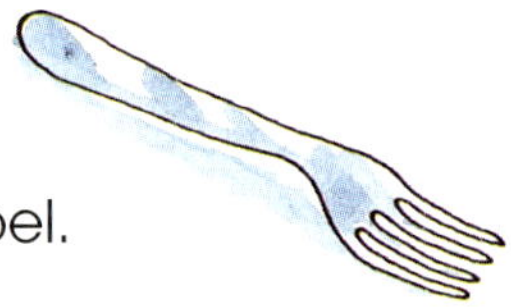

French fries *(Am)* die Pommes frites
Ben likes his **French fries** with ketchup.
Ben mag seine Pommes frites mit Ketchup.

fruit das Obst
The **fruit** is in the bowl.
Das Obst ist in der Schüssel.

glass das Glas

What's in the **glass**? - Orange juice.

Was ist in dem Glas? - Orangensaft.

good gut

Mmm, this tastes **good**!

Mmm, das schmeckt gut!

grapes die Trauben

Toby likes **grapes**.

Toby mag Trauben.

green grün

green pepper die grüne Paprikaschote

Have we got **green peppers**? - No, only red peppers.

Haben wir grüne Paprikaschoten? - Nein, nur rote Paprikaschoten.

hamburger der Hamburger

This is a big **hamburger**.

Das ist ein großer Hamburger.

to have haben

Can I **have** some cake, please?

Kann ich bitte etwas Kuchen haben?

healthy gesund

Salad, fruit and vegetables are **healthy**.

Salat, Obst und Gemüse sind gesund.

honey der Honig

Grandpa drinks his tea with **honey**.

Opa trinkt seinen Tee mit Honig.

hot chocolate die heiße Schokolade

Jemma likes **hot chocolate**.

Jemma mag heiße Schokolade.

ice cream das Eis

Tim is eating a strawberry **ice cream**.

Tim isst ein Erdbeereis.

in in, an

In a bowl. In einer Schüssel.

In the morning. Am Morgen.

jam *(Brit)*, **jelly** *(Am)* die Marmelade

Toby likes **jam** on his toast.

Toby mag Marmelade auf seinem Toast.

juice der Saft

Abi is drinking **juice**.

Abi trinkt Saft.

juicy saftig
Mmm, this peach is very **juicy**.
Mmm, dieser Pfirsich ist sehr saftig.

ketchup das Ketchup
Ben eats his chips with **ketchup**.
Ben isst seine Pommes frites mit Ketchup.

knife das Messer
Dad is cutting the bread with a **knife**.
Papa schneidet das Brot mit einem Messer.

lemonade die Limonade
Would you like a glass of **lemonade**?
Möchtest du ein Glas Limonade?

to like mögen
Ben **likes** cheese sandwiches, apples and crisps.
Ben mag Käsebrote, Äpfel und Chips.

lunch das Mittagessen
The children have sandwiches for **lunch**.
Die Kinder essen belegte Brote zum Mittagessen.

meal das Essen
Dad cooked the **meal**.
Papa hat das Essen gekocht.

milk die Milch
Toby drinks **milk** for breakfast.
Toby trinkt Milch zum Frühstück.

mineral water das Mineralwasser
I'd like a **mineral water**, please.
Ich möchte ein Mineralwasser, bitte.

muesli das Müsli
Do you like **muesli**? - No, I don't.
Magst du Müsli? - Nein.

nut die Nuss
Dad likes **nuts**.
Papa mag Nüsse.

on auf
On his toast. Auf seinem Toast.

onion die Zwiebel
Ben does not like **onions**.
Ben mag keine Zwiebel.

orange die Orange

The **oranges** are in the bowl.
Die Orangen sind in der Schüssel.

to order bestellen
Wer hat die Pizza bestellt? - Ich!

pancake der Pfannkuchen
Dad is making **pancakes**.
Papa macht Pfannkuchen.

pea die Erbse
Peas are small and green.
Erbsen sind klein und grün.

peach der Pfirsich
Mmm, this **peach** is juicy!
Mmm, dieser Pfirsich ist saftig!

pear die Birne
Mum bought **pears** at the supermarket.
Mama hat im Supermarkt Birnen gekauft.

picnic das Picknick
We're going on a **picnic** today!
Wir machen heute ein Picknick!

piece das Stück

Toby eats three **pieces** of toast for breakfast!
Toby isst drei Stück Toast zum Frühstück!

pizza die Pizza
Dad ordered a **pizza**.
Papa hat eine Pizza bestellt.

plate der Teller

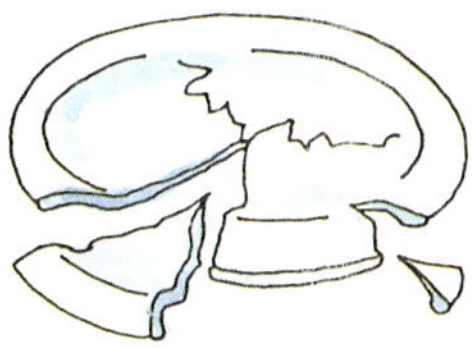

Oh dear, Toby has broken a **plate**.
Oh je, Toby hat einen Teller kaputtgemacht.

plum die Pflaume

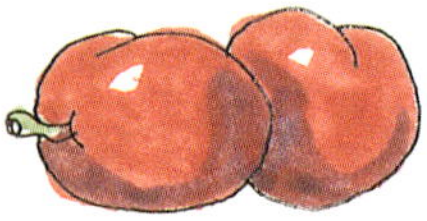

Would you like a **plum**? - Yes, please!

Möchtest du eine Pflaume? - Ja, bitte!

potato die Kartoffel

Toby likes **potatoes**.

Toby mag Kartoffeln.

red rot

red pepper die rote Paprikaschote

Where are the **red peppers**? - In the shopping trolley.

Wo sind die roten Paprikaschoten? - Im Einkaufswagen.

roll das Brötchen

Can I have a **roll**, please?

Kann ich bitte ein Brötchen haben?

salad der Salat

Salad is healthy.

Salat ist gesund.

sausage das Würstchen

Muffin wants a **sausage** too!

Muffin möchte auch ein Würstchen!

to share sich teilen

Ben and Tim **shared** the crisps.

Ben und Tim haben sich die Chips geteilt.

small klein

Peas are **small**.

Erbsen sind klein.

to smell riechen

Mmm, the soup **smells** good!

Mmm, die Suppe riecht gut!

soft weich

The butter is **soft**!

Die Butter ist weich!

soup die Suppe

Dad has cooked **soup**.

Papa hat Suppe gekocht.

spaghetti die Spaghetti

There is **spaghetti** for dinner.

Zum Abendessen gibt es Spaghetti.

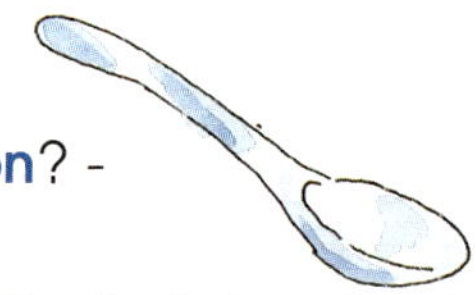

spoon der Löffel

Where is my **spoon**? - On the floor!

Wo ist mein Löffel? - Auf dem Boden!

strawberry die Erdbeere
These **strawberries** are juicy.
Diese Erdbeeren sind saftig.

to taste schmecken
Mmm, this **tastes** very good!
Mmm, das schmeckt sehr gut!

tea der Tee
Dad drinks **tea** for breakfast.
Papa trinkt Tee zum Frühstück.

thanks danke schön

toast das Toast
Toby is eating a piece of **toast** with jam.
Toby isst ein Stück Toast mit Marmelade.

tomato die Tomate
How many **tomatoes** did you buy? - A pound.
Wie viele Tomaten hast du gekauft? - Ein Pfund.

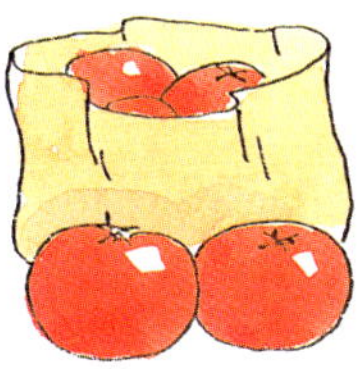

vegetable das Gemüse
Mum likes **vegetables**.

Mama mag Gemüse.

water das Wasser
Muffin drinks a lot of **water**.
Muffin trinkt viel Wasser.

with mit
With Tim. Mit Tim.

yoghurt der Joghurt

Mum has **yoghurt** for breakfast sometimes.
Mama isst manchmal Joghurt zum Frühstück.

yummy lecker
Mmm, this ice cream is **yummy**!
Mmm, das Eis ist lecker!

Feelings

angry
bored
bone
puzzle
playground
football

happy
hungry
friends
sandwich
ice cream

ill
spoon
bowl
sad
toy
scared
spider
tired
bed
pyjamas

angry böse
Ben is **angry** because Muffin broke his puzzle.
Ben ist böse, weil Muffin sein Puzzle kaputtgemacht hat.

at an, in
At the beach. Am Strand.
At the circus. Im Zirkus

beach der Strand
Ben and Tim are at the **beach**.
Ben und Tim sind am Strand.

to be bored langweilig sein
Why are you **bored**? – Because no one wants to play with me.
Warum ist dir langweilig? – Weil keiner mit mir spielen will.

to be hungry Hunger haben
I **am hungry**. Can I have a sandwich, please?
Ich habe Hunger. Kann ich ein Brot haben, bitte?

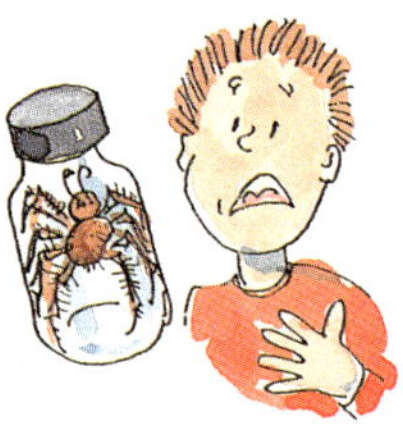

to be scared of Angst haben vor
Ben **is scared of** spiders.
Ben hat Angst vor Spinnen.

bone der Knochen
Muffin has a big **bone**.
Muffin hat einen großen Knochen.

to break kaputtmachen
Muffin **broke** Ben`s puzzle.
Muffin hat Bens Puzzle kaputtgemacht.

car das Auto
Uncle Tom has a new **car**.
Onkel Tom hat ein neues Auto.

cheese der Käse
Muffin does not like **cheese**.
Muffin mag Käse nicht.

child, children das Kind, die Kinder
The **children** are playing football.
Die Kinder spielen Fußball.

circus der Zirkus
Tim went to the **circus**.
Tim ist in den Zirkus gegangen.

Dad der Papa
Dad is smiling.
Papa lächelt.

to do machen
Ben has to **do** the puzzle again.
Ben muß das Puzzle nochmal machen.

to eat essen
Ben is **eating** a cheese sandwich.
Ben isst ein Käsebrot.

favourite *(Brit)*, **favorite** *(Am)* Lieblings-
Tim`s **favourite** lesson is maths.
Tims Lieblingsstunde ist Mathe.

flower die Blume
These are lovely **flowers**.
Das sind schöne Blumen.

football das Fußball
Magst du Fußball? – Ich liebe Fußball!

friend der Freund, die Freundin
Fran and Tim are Ben`s **friends**.
Fran und Tim sind Bens Freunde.

fun der Spaß
Tim had **fun** at the circus.
Tim hatte Spaß im Zirkus.

to give geben
Toby **gave** grandma some flowers.
Toby hat Oma Blumen gegeben.

to go gehen
Where are you **going**?
– To the beach.
Wo gehst du hin?
– Zum Strand.

to go to bed ins Bett gehen
Ich bin müde!
Ich gehe ins Bett.

happy glücklich
Ben is **happy** because he`s going to the beach.
Ben ist glücklich, weil er zum Strand geht.

hot heiß
It's **hot** and Toby is thirsty.
Es ist heiß und Toby hat Durst.

ice cream das Eis
Tim likes strawberry **ice cream**.
Tim mag Erdbeereis.

ill krank
Ben ate too much.
Now he's **ill**.
Ben hat zu viel
gegessen. Jetzt ist er krank.

in in
In his car. In seinem Auto.

kiss der Kuss
Mum gave Ben a
kiss.
Mama gab Ben einen Kuss.

to like mögen
Tim **likes** ice-cream, football and
maths.
Tim mag Eis, Fußball und Mathe.

to look aussehen
Du siehst traurig aus.

to lose verlieren
Muffin has **lost** his bone.
Muffin hat seinen
Knochen verloren.

to love lieben
Dad **loves** mum very much.
Papa liebt Mama sehr.

lovely schön
These are **lovely** flowers.
Das sind schöne Blumen.

maths Mathe
Tim likes **maths**.
Tim mag Mathe.

mum die Mama
Mum is angry.
Mama ist böse.

not nicht
Ben is **not** happy. He's angry!
Ben ist nicht glücklich. Er ist böse!

to play spielen
The children are
playing football.
Die Kinder spielen
Fußball.

puzzle das Puzzle
Ben is doing a **puzzle**.

Ben macht ein Puzzle.

sad traurig
Toby is **sad** because his car is broken.

Toby ist traurig, weil sein Auto kaputt ist.

sandwich das Sandwich
Who wants a cheese **sandwich**? – I do!

Wer möchte ein Käse-Sandwich? – Ich!

to smile lächeln
Dad is **smiling**.

Papa lächelt.

snake die Schlange
Jemma does not like **snakes**.

Jemma mag keine Schlangen.

spider die Spinne
Ben is scared of **spiders**.

Ben hat Angst vor Spinnen.

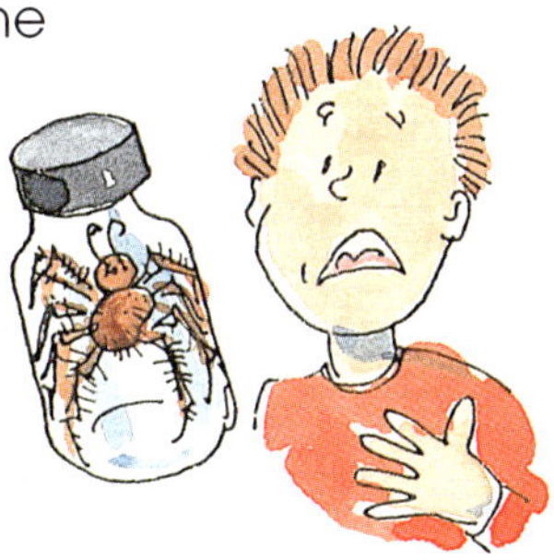

to be thirsty Durst haben
It's hot and Toby **is thirsty**.

Es ist heiß und Toby hat Durst.

tired müde
Ich bin müde.

to zu, in
To the beach. Zum Strand.

To the circus. In den Zirkus

very much sehr
Dad loves mum **very much**.

Papa liebt Mama sehr.

what's wrong? was ist los?

Was ist los, Toby? – Mein Lieblingsauto ist kaputt.

where? wo?

Wo ist Onkel Tom? – In seinem neuen Auto.

with mit
With me. Mit mir.

My

wardrobe
bedroom
computer
bed
toy
chair
living room
saxophone
sofa
kitchen
oven
basket

hobbies

lamp
poster
house
bird
garden
flower
newspaper
rollerblade

basket das Körbchen
Muffin is in his **basket**.
Muffin liegt in seinem Körbchen.

bathroom das Badezimmer
Mum and Baby May are in the **bathroom**.
Mama und Baby May sind im Badezimmer.

to be sein
Baby May **is** my sister.
Baby May ist meine Schwester.

bed das Bett
Muffin is under the **bed**.
Muffin liegt unter dem Bett.

bedroom das Schlafzimmer
Our house has five **bedrooms**.
Unser Haus hat fünf Schlafzimmer.

bird der Vogel
Felix is chasing **birds**.
Felix jagt Vögel.

brother der Bruder
Toby is Ben's **brother**.
Toby ist Bens Bruder.

busy beschäftigt
Everybody is **busy** today.
Jeder ist heute beschäftigt.

cat die Katze
Felix is our **cat**.
Felix ist unsere Katze.

chair der Stuhl
Ben's school bag is on the **chair**.
Bens Schultasche liegt auf dem Stuhl.

to chase jagen
Felix is **chasing** birds.
Felix jagt Vögel.

cinema das Kino
There is a **cinema** in town.
In der Stadt gibt es ein Kino.

to collect sammeln
Was sammelst du? - Ich sammle Muscheln.

computer game das Computerspiel
Sollen wir dieses Computerspiel spielen?

to cook kochen
Dad is **cooking**.
Papa kocht.

dad der Papa
This is our **dad**.
Das ist unser Papa.

dining room das Esszimmer
We eat in the **dining room**.
Wir essen im Esszimmer.

dog der Hund
Muffin is Ben's **dog**.
Muffin ist Bens Hund.

to do the gardening im Garten arbeiten
Grandpa is **doing the gardening**.
Opa arbeitet im Garten.

everyone alle
Everyone is in the dining room.
Alle sind im Esszimmer.

family die Familie
This is my **family**.
Das ist meine Familie.

flower die Blume
These are lovely **flowers**.
Das sind schöne Blumen.

football das Fußball
Tim likes to play **football**.
Tim spielt gern Fußball.

garden der Garten
There are lots of flowers in the **garden**.
Im Garten gibt es viele Blumen.

to go swimming schwimmen gehen
Ben is **going swimming** on Wednesday.
Ben geht am Mittwoch schwimmen.

grandma die Oma
Grandma has grey hair.
Oma hat graue Haare.

grandpa der Opa
Sshh, **grandpa** is sleeping!
Sshh, Opa schläft!

hobby das Hobby
Hast du ein Hobby? - Ja, ich sammle Muscheln.

house das Haus
This is our **house**.
Das ist unser Haus.

in in
In his basket.
In seinem Körbchen.

instrument das Instrument
Spielst du ein Instrument? - Ja, ich spiele Geige.

kitchen die Küche
Dad is in the **kitchen**.
Papa ist in der Küche.

to like doing something etwas gern machen
Ben and Tim **like going** to the cinema.
Ben und Tim gehen gern ins Kino.

living room das Wohnzimmer
The sofa is in the **living room**.
Das Sofa steht im Wohnzimmer.

mum die Mama
Mum kissed Ben.
Mama gab Ben einen Kuss.

on auf
On the chair.
Auf dem Stuhl.

outside draußen
Grandpa, grandma, Baby May and Jemma are **outside**.
Opa, Oma, Baby May und Jemma sind draußen.

parrot der Papagei
Charlie is grandma's **parrot**.
Charlie ist Omas Papagei.

to play spielen
The children are **playing** football.
Die Kinder spielen Fußball.

to read lesen
Jo likes to **read**.
Jo liest gern.

to rollerblade Inliner fahren
Jemma is **rollerblading**.
Jemma fährt Inliner.

saxophone das Saxophon
Mum's **saxophone** is very loud!
Mamas Saxophon ist sehr laut!

shell die Muschel
Abi has lots of **shells**.
Abi hat viele Muscheln.

sister die Schwester
Jemma is Ben's **sister**.
Jemma ist Bens Schwester.

to sleep schlafen
Sshh, Baby May is **sleeping**.
Sshh, Baby May schläft.

sofa das Sofa
The **sofa** is yellow.
Das Sofa ist gelb.

table der Tisch
A **table** and eight chairs are in the dining room.
Ein Tisch und acht Stühle stehen im Esszimmer.

toy das Spielzeug
Toby has lots of **toys**.
Toby hat viel Spielzeug.

under unter
Under the bed.
Unter dem Bett.

violin die Geige
Fran plays the **violin**.
Fran spielt Geige.

wardrobe der Kleiderschrank
This is a big **wardrobe**.
Das ist ein großer Kleiderschrank.

My

shop
sweater
dress
t-shirt
skirt
coat
sandal
trousers
shopping bag
shoe
Sale

clothes

to be sein
Ben's sweater **is** red.
Bens Pullover ist rot.

black schwarz

blue blau

boot der Stiefel
Dad's **boot** is under the sofa.
Papas Stiefel liegt unter dem Sofa.

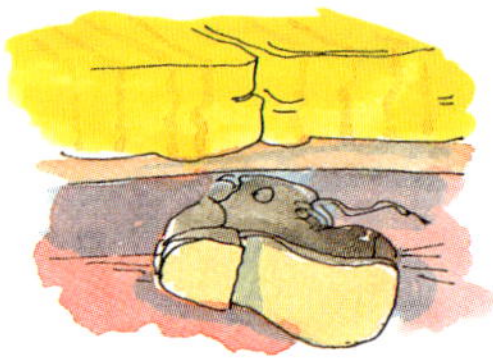

brown braun

cap die Kappe
Grandpa is wearing a **cap**.
Opa trägt eine Kappe.

clothes die Kleidung
Whose **clothes** are these? - Mum's!
Wem gehört die Kleidung? - Mama!

coat der Mantel
Please put on your **coat**.
Zieh bitte deinen Mantel an.

dress das Kleid
That's a pretty **dress**!
Das ist ein hübsches Kleid.

favorite *(Am)*, **favourite** *(Brit)* Lieblings-
This is Ben's **favourite** t-shirt.
Das ist Bens Lieblings-T-Shirt.

to find finden
Dad cannot **find** his boot.
Papa kann seinen Stiefel nicht finden.

floor der Boden
Ben's jeans are on the **floor**.
Bens Jeans liegen auf dem Boden.

glasses die Brille
Uncle Tom wears **glasses**.
Onkel Tom trägt eine Brille.

green grün

hat der Hut
Grandma has a new **hat**.
Oma hat einen neuen Hut.

to have haben
Tim **has** two pairs of trainers.
Tim hat zwei Paar Turnschuhe.

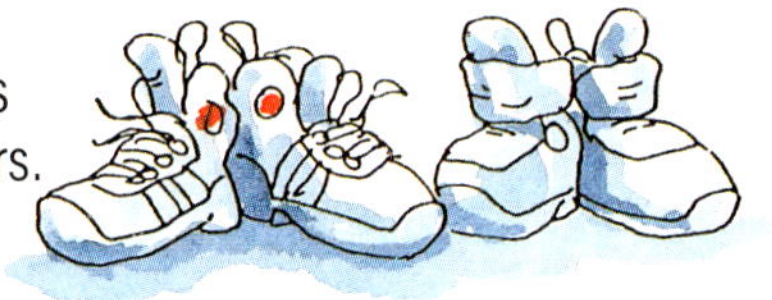

to hide verstecken
Muffin has **hidden** dad's boot.
Muffin hat Papas Stiefel versteckt.

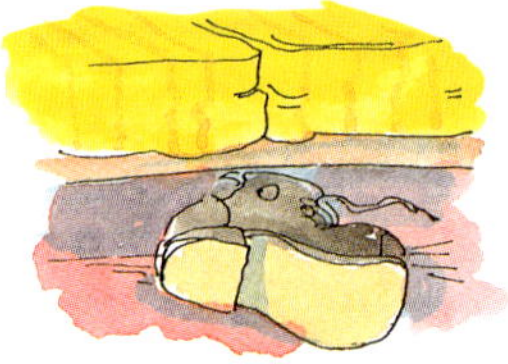

jacket die Jacke
Ben's **jacket** is blue.
Bens Jacke ist blau.

jeans die Jeans
Where are your **jeans**? - On the bed.
Wo sind deine Jeans? - Auf dem Bett.

to lose verlieren
Toby has **lost** his sock.
Toby hat seine Socke verloren.

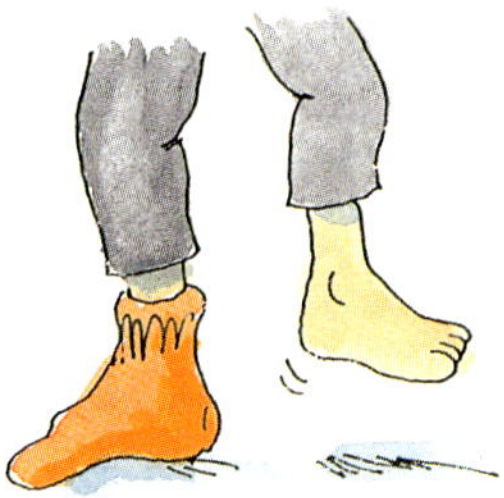

new neu
Jemma has **new** sandals.
Jemma hat neue Sandalen.

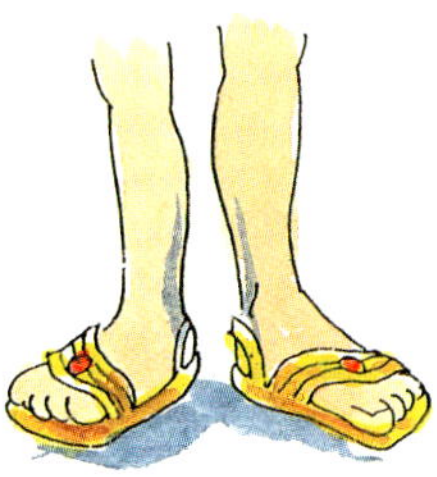

on auf
On the bed. Auf dem Bett.

pair das Paar
Here are two **pairs** of trainers.
Hier sind zwei Paar Turnschuhe.

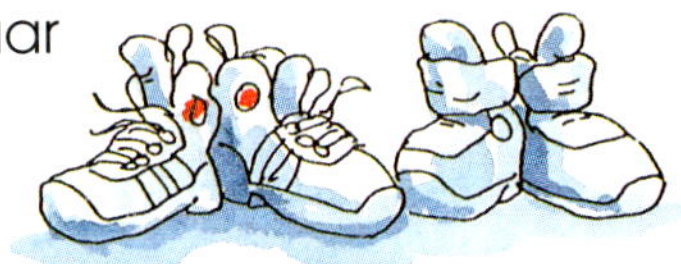

pajamas *(Am)* der Schlafanzug
Where are your **pajamas**? - On the bed.
Wo ist dein Schlafanzug? - Auf dem Bett.

pants *(Am)* die Hose
Dad is putting on his **pants**.
Papa zieht seine Hose an.

pink rosa

pretty hübsch
Mum is wearing a **pretty** dress.
Mama trägt ein hübsches Kleid.

to put on anziehen
Please **put on** your coat.
Zieh bitte deinen Mantel an.

My clothes

pyjamas *(Brit)* der Schlafanzug

Where are your **pyjamas**? - On the bed.

Wo ist dein Schlafanzug? - Auf dem Bett.

red rot

sandal die Sandale

Jemma has new **sandals**.

Jemma hat neue Sandalen.

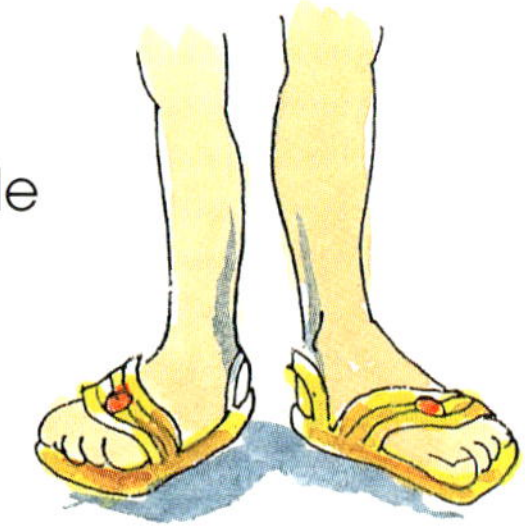

scarf der Schal

Tim is wearing a red **scarf**.

Tim trägt einen roten Schal.

shirt das Hemd

Take off your **shirt**, Ben.

Zieh dein Hemd aus, Ben.

shoe der Schuh

Jo is putting on her **shoes**.

Jo zieht ihre Schuhe an.

skirt der Rock

Grandma is wearing a **skirt** today.

Oma trägt heute einen Rock.

sock die Socke

Hmm, Toby has lost a **sock**.

Hmm, Toby hat eine Socke verloren.

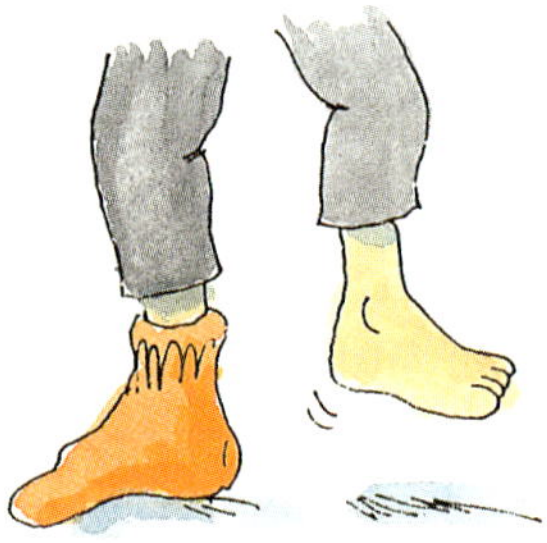

sweater der Pullover

Grandpa's **sweater** has a hole!

Opas Pullover hat ein Loch.

to take off ausziehen

Take off your shirt, Ben.

Zieh dein Hemd aus, Ben.

trainers die Turnschuhe

The children wear **trainers** for PE.

Die Kinder tragen im Sportunterricht Turnschuhe.

trousers *(Brit)* die Hose

Dad is putting on his **trousers**.

Papa zieht seine Hose an.

t-shirt das T-Shirt
Ben's **t-shirt** is red.
Bens T-Shirt ist rot.

under unter
Under the sofa. Unter dem Sofa.

underpants die Unterhose
These **underpants** are too big!
Diese Unterhose ist zu groß!

undershirt *(Am)* das Unterhemd
Ben is wearing his underpants and an **undershirt**.
Ben trägt seine Unterhose und ein Unterhemd.

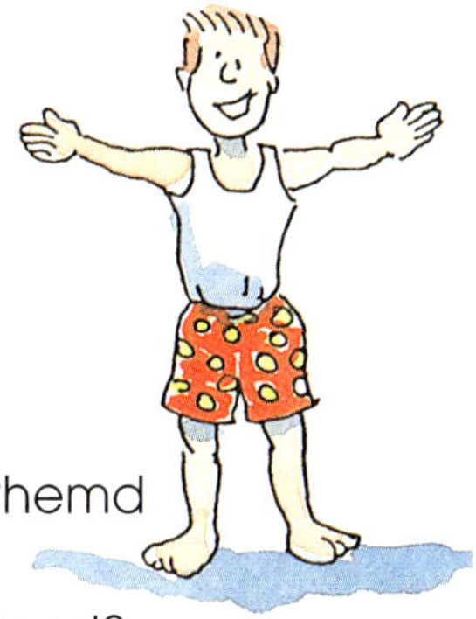

vest *(Brit)* das Unterhemd
Ben's **vest** is white.
Bens Unterhemd ist weiß.

wardrobe der Kleiderschrank
Mum and dad have a big **wardrobe**.
Mama und Papa haben einen großen Kleiderschrank.

watch die Uhr
Tim has a new **watch**.
Tim hat eine neue Uhr.

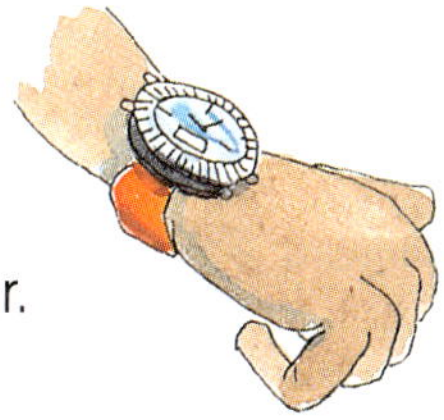

to wear tragen
Grandpa is **wearing** a cap.
Opa trägt eine Kappe.

where? wo?
Where are your jeans? - On the bed.
Wo sind deine Jeans? - Auf dem Bett.

white weiß

yellow gelb

Und nun zum Schluss:

What is Ben wearing?
- a green t-shirt
- a blue hat
- a red sweater

A

Abend	evening
Abendessen	dinner
abfahren	to leave
abwischen	to wipe
acht	eight
achtzehn	eighteen
achtzig	eighty
Affe	monkey
Ägypten	Egypt
Algerien	Algeria
alle	everyone
Alphabet	alphabet
als	as
alt	old
Ampel	traffic lights
an	at; in; on
anfangen	to start
angehauen	bumped
angeln	to fish
Angst haben	to be scared
anhauen	to bump
anschalten	to turn on
anschauen	to look at
anziehen	to put on
Apfel	apple
April	April
Arm	arm
arm	poor
Arzt	doctor
Ärztin	doctor
auf	on; at; in
auf Wiedersehen	goodbye
aufgehängt	hung up
aufhängen	to hang up
aufmachen	to open
aufräumen	to tidy up
aufstehen	to get up
Auge	eye
August	August
ausblasen	to blow out
ausbrechen	to escape
ausgebrochen	escaped
auspacken	to unwrap
aussehen	to look
ausziehen	to take off
Auto	car

B

Baby	baby
Backe	cheek
backen	to bake
Bäckerei	bakery
Badeanzug	swimming costume
Badehose	swimming trunks
Badezimmer	bathroom
Bahnhof	station
Ball	ball
Banane	banana
Bär	bear
Bauch	tummy
bauen	to build
Bauernhof	farm
Baum	tree
Bein	leg
beißen	to bite
bekommen	to get
belegtes Brot	sandwich
Belgien	Belgium
beschäftigt	busy
bestellen	to order
bestellt	ordered
Bett	bed
bevor	before
bezahlen	to pay
bezahlt	paid
Biene	bee
Bild	picture
Birne	pear
bitte	please
Blatt	leaf
blau	blue
blauer Fleck	bruise
bleiben	to stay
Bleistift	pencil
blond	blond
blühen	to bloom
Blume	flower
bluten	to bleed
Boden	floor
Bohne	bean
Boot	boat
böse	angry
Bosnien-Herzegowina	Bosnia-Herzegovina
brauchen	to need
braun	brown

Brille	glasses
bringen	to bring
Brot	bread
Brötchen	roll
Bruder	brother
Brust	chest
Buch	book
Buchstabe	letter
bürsten	to brush
Bus	bus
Bushaltestelle	bus stop
Butter	butter

C

CD	CD
Cello	cello
Chips	crisps *(Brit)*, chips *(Am)*
Christmas Pudding	Christmas pudding
Clown	clown
Cola	coke
Computer	computer
Computerspiel	computer game
Cornflakes	cornflakes
Cousin	cousin
Cousine	cousin
Cowboy	cowboy

D

da	there
danach	afterwards
Dänemark	Denmark
danke schön	thanks
das	the
dein	your
der	the
Deutschland	Germany
Dezember	December
dick	fat
die	the
Dienstag	Tuesday
diese	these
diese	this
dieser	this
dieses	this
Donnerstag	Thursday
Drachen	kite
draußen	outside
Dreck	mud
drei	three
dreißig	thirty
dreizehn	thirteen
du	you
dünn	thin
durch	through
Durst haben	to be thirsty

E

Eichhörnchen	squirrel
ein	a, an
eine	a, an
eingepflanzt	planted
einige	some
Einkauf	shopping
einkaufen gehen	to go shopping
Einkaufstasche	shopping bag
Einkaufswagen	shopping trolley
Einkaufszettel	shopping list
einladen	to invite
einpflanzen	to plant
eins	one
einsteigen in	to get on
Eis	ice cream
Eisenbahn	train
Elefant	elephant
elf	eleven
Engel	angel
Englisch	English
Ente	duck
er	he
Erbse	pea
Erdbeere	strawberry
erste	first
erster Weihnachtsfeiertag	Christmas Day
es	it
essen	to eat
Essen	meal
Esszimmer	dining room
etwas	something, some
euer	your

F

fahren	to go
Fahrkarte	ticket
Fahrrad	bike
fallen	to fall
Familie	family
fangen	to catch
Farbe	colour
Februar	February
feiern	to celebrate
Fell	fur
Fenster	window
fernsehen	to watch TV
finden	to find
Finger	finger
Fisch	fish
Flöte	recorder
Flughafen	airport
Flugzeug	plane
Fluss	river
Frankreich	France
Frau	woman; Mrs; wife
Freitag	Friday
Freund	friend
Freundin	friend
frohes neues Jahr!	Happy New Year!
Frohe Weihnachten!	Merry Christmas!
Frosch	frog
Frühling	spring
Frühstück	breakfast
frühstücken	to have breakfast
fühlen	to feel
füllen	to fill
fünf	five
fünfzehn	fifteen
fünfzig	fifty
für	for
Fuß	foot
Fußball	football
Füße	feet
füttern	to feed

G

Gabel	fork
Garage	garage
Garten	garden
gebacken	baked
geben	to give
Gebirge	mountains
Geburtstag	birthday
Geburtstagskuchen	birthday cake
gefangen	caught
gefunden	found
gegenüber	opposite
gehangen	hung
gehen	to go
Geige	violin
Geist	ghost
geklebt	stuck
gekocht	cooked
geküsst	kissed
gelb	yellow
Geld	money
gemacht	made
Gemüse	vegetable
geöffnet	opened
gesagt	said
Geschäft	shop
Geschenk	present
gesehen	seen
Gesicht	face
gespielt	played
gesprungen	jumped
gestern	yesterday
gesund	healthy
Gitarre	guitar
Glas	glass
Glocke	bell
glücklich	happy
gold	gold
grau	grey *(Brit)*, gray *(Am)*
Griechenland	Greece
groß	big; tall
Großbritannien	Great Britain
Großmutter	grandmother
Großstadt	city
Großvater	grandfather
grün	green
grüne Paprikaschote	green pepper
gut	good; fine
gute Nacht	good night
guten Morgen	good morning

H

Haare hair
haben to have
Hafen harbour *(Brit)*, harbor *(Am)*
halb half; half past
hallo hello
Halloween Halloween
Hals neck
halten to hold; to stop
Hamburger hamburger
Hamster hamster
Hand hand
hängen to hang
hat has
Haus house
Hausaufgaben homework
Haustier pet
Heiligabend Christmas Eve
heiß hot
heiße Schokolade hot chocolate
heißen to be called
helfen to help
Hemd shirt
Herbst autumn *(Brit)*, fall *(Am)*
herkommen to come from
Herr man; Mr
heute today
Hexe witch
hi hi
hier hcro
hinfallen to fall down
sich hinsetzen to sit down
Hintern bottom
Hobby hobby
Honig honey
hören to listen; to hear
Hose trousers *(Brit)*, pants *(Am)*
Hotel hotel
hübsch pretty
Huhn hen
Hühnchen chicken
Hund dog
hundert hundred
Hunger haben to be hungry
hurra hooray
Hut hat

I

ich I, me
ihr her; their; you
im Garten arbeiten to do the gardening
immer always
in in; into; on; to
in Urlaub fahren to go on holiday
Inliner rollerblade
Inliner fahren to go rollerblading
ins Bett gehen to go to bed
Instrument instrument
irgendein any
irgendeine any
irgendwelche any
Italien Italy

J

ja yes
Jacke jacket
jagen to chase
Jahr year
Januar January
Jeans jeans
jemals ever
jetzt now
Joghurt yoghurt
Jugoslawien Yugoslavia
Juli July
Junge boy
Juni June

K

Kaffee coffee
Kalender calendar
kalt cold
Kamin fireplace
Kaninchen rabbit
Kappe cap
kaputtgemacht broken
kaputtmachen to break
Karotte carrot
Karte map

Kartoffel	potato
Käse	cheese
Kasse	checkout
Katze	cat
kaufen	to buy
Kerze	candle
Ketchup	ketchup
Kind	child
Kinder	children
Kino	cinema
Kirche	church
Klassenzimmer	classroom
Klavier	piano
kleben	to stick
Klebstoff	glue
Kleid	dress
Kleidung	clothes
klein	little, small
klettern	to climb down
Knallbonbon	cracker
Knie	knee
Knochen	bone
kochen	to cook
Koffer	suitcase
kommen	to come
kommen aus	to come from
Kopf	head
Körbchen	basket
kosten	to cost
krank	ill
Krankenhaus	hospital
Kreide	chalk
Kroatien	Croatia
Krokodil	crocodile
Küche	kitchen
Kuchen	cake
Kuh	cow
Küken	chick
Kunst	art
Kürbis	pumpkin
kurz	short
Kuss	kiss
küssen	to kiss

L

lächeln	to smile
Lampe	lamp
lang	long
langweilig sein	to be bored
laufen	to walk
laut	loud
läuten	to ring
leben	to live
lecker	yummy
legen	to put
Lehrer	teacher
Lehrerin	teacher
lernen	to learn
lesen	to read
Leute	people
Libanon	Lebanon
lieben	to love
Lieblings-	favourite *(Brit)*, favorite *(Am)*
Limonade	lemonade
Lineal	ruler
Loch	hole
Löffel	spoon
Löwe	lion
Luftballon	balloon
Lybien	Libya

M

machen	to do, to make
Mädchen	girl
Mai	May
malen	to draw
Mama	mum *(Brit)*, mummy *(Brit)*, mom *(Am)*, mommy *(Am)*
manchmal	sometimes
Mann	man; husband
Mantel	coat
Mäppchen	pencil case
Marmelade	jam *(Brit)*, jelly *(Am)*
Marokko	Morocco
März	March
Mathe	maths
Maus	mouse
Mäuse	mice
Mazedonien	Macedonia
Medizin	medicine
Meer	sea; seaside
Meerschweinchen	guinea pig
mehr	more
mein	my

Messer	knife
mich	me
Milch	milk
Mineralwasser	mineral water
mir	me
Mistelzweig	mistletoe
mit	with
Mittagessen	lunch
Mittagspause	lunch break
Mittwoch	Wednesday
mögen	to like
Monat	month
Montag	Monday
Morgen	morning
morgen	tomorrow
Motorrad	motorbike
müde	tired
muh	moo
Mund	mouth
Muschel	shell
Musik	music
Müsli	muesli
Mutter	mother

N

nach	after; to
nach Hause	home
Nachmittag	afternoon
nachschauen	to look up
Nacht	night
Nachtisch	dessert
Name	name
Nase	nose
neben	next to
nehmen	to take
nein	no
Nest	nest
neu	new
neun	nine
neunzehn	nineteen
neunzig	ninety
nicht	not
Niederlande	Netherlands
niemand	no one
Nilpferd	hippo
November	November
nur	only
Nuss	nut

O

Obst	fruit
oder	or
Ofen	oven
öffnen	to open
oft	often
Ohr	ear
Oktober	October
Oma	grandma
Onkel	uncle
Opa	grandpa
orange	orange
Orange	orange
Orangensaft	orange juice
Ort	place
Osterei	Easter egg
Osterglocke	daffodil
Osterhase	Easter bunny
Ostern	Easter
Österreich	Austria

P

Paar	pair
packen	to pack
Papa	dad, daddy
Papagei	parrot
Papier	paper
Park	park
Party	party
Pence	pence
Penny	penny
Pfannkuchen	pancake
Pferd	horse
Pfirsich	peach
Pflaster	plaster
Pflaume	plum
Pfund	pound
Picknick	picnic
pink	pink
Pizza	pizza
Polen	Poland
Pommes frites	chips *(Brit)*, French fries *(Am)*
Portugal	Portugal
Poster	poster
Prinzessin	princess

Pullover	sweater
Puppe	doll
Puzzle	puzzle

R

Rad fahren	to ride a bike
Radiergummi	rubber *(Brit)*, eraser *(Am)*
Radio	radio
regnen	to rain
Religion	RE
riechen	to smell
Rock	skirt
Rose	rose
rot	red
rote Paprikaschote	red pepper
Rücken	back
Rudolf (das Rentier mit der roten Nase)	Rudolph (the red-nosed reindeer)
ruhig	quiet

S

Saft	juice
saftig	juicy
sagen	to say
Salat	salad
Samen	seed
sammeln	to collect
Samstag	Saturday
Sandale	sandal
Sandburg	sandcastle
Saxophon	saxophone
Schaf	sheep
Schal	scarf
scheinen	to shine
Schere	scissors
Schlafanzug	pyjamas *(Brit)*, pajamas *(Am)*
schlafen	to sleep
Schlafzimmer	bedroom
Schlange	snake
schließen	to shut
Schlitten	sleigh
schmecken	to taste
schmücken	to decorate
Schnee	snow
Schneemann	snowman
schneiden	to cut
schnell	fast
schnitzen	to cut
Schokolade	chocolate
schön	lovely, nice
Schornstein	chimney
Schrank	wardrobe
schreiben	to write
Schreibtisch	desk
Schuh	shoe
Schule	school
Schüler	pupil
Schülerin	pupil
Schulferien	school holiday
Schulhof	playground
Schultasche	school bag
Schulter	shoulder
Schüssel	bowl
Schwanz	tail
schwarz	black
Schwein	pig
Schweiz	Switzerland
schwer	heavy
Schwester	sister
Schwimmbad	swimming pool
schwimmen	to swim
schwimmen gehen	to go swimming
sechs	six
sechzehn	sixteen
sechzig	sixty
segeln gehen	to go sailing
sehr	very; very much
sein	to be; his
Seite	page
September	September
sie	she; they
sieben	seven
siebzehn	seventeen
siebzig	seventy
silber	silver
Silvester	New Year's Eve
singen	to sing
sitzen	to sit
Skelett	skeleton
Socke	sock
Sofa	sofa
Sohn	son
Sommer	summer
Sonne	sun

Sonnenblume	sunflower
Sonntag	Sunday
Spaghetti	spaghetti
Spanien	Spain
Spaß	fun
spazieren gehen	to go for a walk
spielen	to play
Spielzeug	toy
Spinne	spider
Sport	PE
springen	to jump
Stadt	town
Stechpalme	holly
Stern	star
Stiefel	boot
Stift	pen
Strand	beach
Straße	street
Strumpf	stocking
Stück	piece
Stuhl	chair
Stunde	lesson
Supermarkt	supermarket
Suppe	soup

T

Tafel	blackboard
Tag	day
Tante	aunt
Tasse	cup
Taxi	taxi *(Brit)*, cab *(Am)*
Teddy	teddy bear
Tee	tea
teilen	to share
Telefon	telephone
Telefonzelle	telephone box
Teller	plate
Tennis	tennis
Tier	animal
Tisch	table
Toast	toast
Tochter	daughter
Tomate	tomato
tragen	to carry; to wear
Trauben	grapes
traurig	sad
trinken	to drink
Truthahn	turkey
tschüss	bye, goodbye
T-Shirt	t-shirt
Tunesien	Tunisia
Tür	door
Türkei	Turkey
Turnschuhe	trainers

U

Uhr	clock, watch; o'clock
um	at
um (...herum)	around
und	and
unser	our
unter	under, underneath
Unterhemd	vest *(Brit)*, undershirt *(Am)*
Unterhose	underpants
Urlaub	holiday, vacation *(Am)*
USA	USA

V

Vater	father
sich verfärben	to turn colour
vergessen	to forget
sich verkleiden	to dress up
verlieren	to lose
verstecken	to hide
versteckt	hidden
viele	lots of, many
vielen Dank	thank you
vier	four
Viertel nach	quarter past
Viertel vor	quarter to
vierzehn	fourteen
vierzig	forty
Vogel	bird
voll	full
von	from; of
vor	before

W

wachsen	to grow
während	during
wandern gehen	to go hiking

wann?	when?
warten	to wait
was?	what?
was ist?	what's?
was kostet?	how much?
waschen	to wash
Wasser	water
wecken	to wake
wegblasen	to blow away
wehtun	to hurt
sich wehtun	to hurt oneself
weich	soft
Weihnachten	Christmas
Weihnachtsbaum	Christmas tree
Weihnachtsessen	Christmas dinner
Weihnachtsgeschenk	Christmas present
Weihnachtskarte	Christmas card
Weihnachtskuchen	Christmas cake
Weihnachtslied	Christmas carol
Weihnachtsmann	Father Christmas *(Brit)*, Santa Claus *(Am)*
weil	because
weinen	to cry
weiß	white
welche?	which?
welcher?	which?
welches?	which?
Wellensittich	budgie
wer?	who?
werden	to become
wessen?	whose?
wie?	how?
wie alt?	how old?
wie viele?	how many?
Wind	wind
Winter	winter
wir	we
wo?	where?
Woche	week
wohnen	to live
Wohnzimmer	living room
wollen	to want
Wörterbuch	dictionary
sich wünschen	to wish for
sich etwas wünschen	to make a wish
Würstchen	sausage
würzig	spicey

Z

Zahn	tooth
Zähne	teeth
Zebra	zebra
Zeh	toe
zehn	ten
zeigen auf	to point to
Zeit	time
Zeitung	newspaper
ziehen	to pull
Zirkus	circus
Zoo	zoo
zu	to; for; too
zu Abend essen	to have dinner
Zug	train
zu Hause	at home
zu viel	too much
zwanzig	twenty
zwei	two
Zwiebel	onion
zwölf	twelve

A

a	ə	ein, eine, ein
after	'ɑːftə	nach
afternoon	ɑːftə'nuːn	der Nachmittag
afterwards	'ɑːftəwədz	danach
airport	'eəpɔːt	der Flughafen
Algeria	æl'dʒɪəriə	Algerien
alphabet	'ælfəbet	das Alphabet
always	'ɔːlweɪz	immer
an	ən	ein, eine, ein
and	ænd	und
angel	'eɪndʒəl	der Engel
angry	'æŋgri	böse
animal	'ænɪməl	das Tier
any	'eni	irgendein, irgendeine; irgendwelche
apple	'æpl	der Apfel
April	'eɪprəl	der April
are	ɑːr	bist, sind, seid
arm	ɑːm	der Arm
around	ə'raʊnd	um.....(herum)
art	ɑːt	Kunst
as	æz	als
at	æt	an; auf; um
ate	et	aß, aßest, aßen, aßt
at home	æt 'həʊm	zu Hause
August	'ɔːgəst	der August
aunt	ɑːnt	die Tante
Austria	'ɒstriə	Österreich
autumn *(Brit)*	'ɔːtəm	der Herbst

B

baby	'beɪbi	das Baby
back	bæk	der Rücken
to bake	tə beɪk	backen
baked	beɪkt	backte, backtest, backten, backtet; hat gebacken
bakery	'beɪkəri	die Bäckerei
ball	bɔːl	der Ball
balloon	bə'luːn	der Luftballon
banana	bə'nɑːnə	die Banane
basket	'bɑːskɪt	das Körbchen
bathroom	'bɑːθrʊm	das Badezimmer
to be	tə biː	sein
beach	biːtʃ	der Strand
bean	biːn	die Bohne
bear	beəʳ	der Bär
to be bored	tə biː bɔːʳd	jdm ist langweilig
to be called	tə biː cɔːld	heißen
because	bɪ'kɒz	weil
bed	bed	das Bett
bedroom	'bedrʊm	das Schlafzimmer
bee	biː	die Biene
before	bɪ'fɔːʳ	vor, bevor
to be hungry	tə biː 'hʌŋgri	Hunger haben
Belgium	'beldʒəm	Belgien
bell	bel	die Glocke
to be scared	tə biː 'skeəʳd	Angst haben
to be thirsty	tə biː 'θɜːsti	Durst haben
big	bɪg	groß
bike	baɪk	das Fahrrad
bird	bɜːd	der Vogel
birthday	'bɜːθdeɪ	der Geburtstag
birthday cake	'bɜːθdeɪ keɪk	der Geburtstags kuchen
bit	bɪt	biss, bissest, bissen, bisst
to bite	tə baɪt	beißen
black	blæk	schwarz
blackboard	'blækbɔːd	die Tafel
to bleed	tə bliːd	bluten
bleeding	'bliːdɪŋ	*schau unter* **to bite**
blew away	'bluː əweɪ	blies/bliesest/ bliesen/bliest weg
blew out	'bluː aʊt	blies/bliesest/ bliesen/bliest aus
blond	blɒnd	blond
to bloom	tə bluːm	blühen
to blow away	tə bləʊ ə'weɪ	wegblasen
to blow out	tə bləʊ 'aʊt	ausblasen
blue	bluː	blau
boat	bəʊt	das Boot
bone	bəʊn	der Knochen
book	bʊk	das Buch
boot	buːt	der Stiefel
Bosnia-Herzegovina	bɒzniə-hɜːzə'gɒvɪnə	Bosnien-Herzegowina

bottom	ˈbɒtəm	der Hintern
bought	bɔːt	kaufte, kauftest, kauften, kauftet; gekauft
bowl	bəʊl	die Schüssel
boy	bɔɪ	der Junge
bread	bred	das Brot
to break	tə breɪk	kaputtmachen
breakfast	ˈbrekfəst	das Frühstück
to bring	tə brɪŋ	bringen
brings	brɪŋz	bringt
Britain	ˈbrɪtᵊn	Großbritannien
broke	brəʊk	machte/ machtest/ machten/ machtet kaputt
broken	ˈbrəʊkᵊn	kaputtgemacht
brother	ˈbrʌðəʳ	der Bruder
brown	braʊn	braun
bruise	bruːz	der blaue Fleck
to brush	tə brʌʃ	bürsten
brushing	ˈbrʌʃɪŋ	*schau unter* **to brush**
budgie	ˈbʌdʒi	der Wellensittich
build	bɪld	bauen
building	ˈbɪldɪŋ	*schau unter* **to build**
built	bɪlt	baute, bautest, bauten, bautet; gebaut
to bump	tə bʌmp	anhauen
bumped	bʌmpt	haute/hautest/ hauten/hautet an; angehauen
bus	bʌs	der Bus
bus stop	ˈbʌs stɒp	die Bushalte-stelle
busy	ˈbɪzi	beschäftigt
butter	ˈbʌtəʳ	die Butter
to buy	tə baɪ	kaufen
buying	ˈbaɪɪŋ	*schau unter* **to buy**
buys	baɪz	kauft
bye	baɪ	tschüss

C

cab *(Am)*	kæb	das Taxi
cake	keɪk	der Kuchen
calendar	ˈkæləndəʳ	der Kalender
can	kæn	kann
candle	ˈkændl̩	die Kerze
cannot	ˈkænɒt	kann/kannst/ können/könnt nicht
cap	kæp	die Kappe
car	kɑːʳ	das Auto
carrot	ˈkærət	die Karotte
to carry	tə ˈkæri	tragen
carrying	ˈkæriɪŋ	*schau unter* **to carry**
cat	kæt	die Katze
to catch	tə kætʃ	fangen
caught	kɔːt	fing, fingst, fingen, fingt; gefangen
CD	siːˈdiː	die CD
to celebrate	tə ˈseləbreɪt	feiern
cello	ˈtʃeləʊ	das Cello
chair	tʃeəʳ	der Stuhl
chalk	tʃɔːk	die Kreide
to chase	tə tʃeɪs	jagen
chasing	ˈtʃeɪsɪŋ	*schau unter* **to chase**
checkout	ˈtʃekaʊt	die Kasse
cheek	tʃiːk	die Backe
cheese	tʃiːz	der Käse
chest	tʃest	die Brust
chick	tʃɪk	das Küken
chicken	ˈtʃɪkɪn	das Hühnchen
child	tʃaɪld	das Kind
children	ˈtʃɪldrᵊn	die Kinder
chimney	ˈtʃɪmni	der Schornstein
chips *(Brit)*	tʃɪps	die Pommes frites
chips *(Am)*	tʃɪps	die Chips
chocolate	ˈtʃɒklət	die Schokolade
Christmas	ˈkrɪsməs	das Weihnachten
Christmas cake	ˈkrɪsməs keɪk	der Weihnachts-kuchen
Christmas card	ˈkrɪsməs kɑːd	die Weihnachts-karte

Christmas carol	'krɪsməs kærᵊl	das Weihnachtslied
Christmas Day	'krɪsməs deɪ	der erste Weihnachtsfeiertag
Christmas dinner	'krɪsməs 'dɪnəʳ	das Weihnachtsessen
Christmas Eve	'krɪsməs iːv	der Heiligabend
Christmas present	'krɪsməs 'prezᵊnt	das Weihnachtsgeschenk
Christmas pudding	'krɪsməs 'pʊdɪŋ	der Christmas Pudding
Christmas tree	'krɪsməs triː	der Weihnachtsbaum
church	tʃɜːtʃ	die Kirche
cinema	'sɪnəmə	das Kino
circus	'sɜːkəs	der Zirkus
city	'sɪti	die Großstadt
classroom	'klɑːsrʊm	das Klassenzimmer
to climb down	tə klaɪm 'daʊn	klettern
climbing down	klaɪmɪŋ 'daʊn	*schau unter* **to climb down**
climbs down	klaɪmz 'daʊn	klettert
clock	klɒk	die Uhr
clothes	kləʊðz	die Kleidung
clown	klaʊn	der Clown
coat	kəʊt	der Mantel
coffee	kɒfi	der Kaffee
coke	kəʊk	die Cola
cold	kəʊld	kalt
to collect	tə kə'lekt	sammeln
collects	kə'lekts	sammelt
color *(Am)* **colour** *(Brit)*	'kʌlər 'kʌləʳ	die Farbe
to come	tə kʌm	kommen
to come from	tə 'kʌm frɒm	herkommen, kommen aus
comes	kʌmz	kommt
computer	kəm'pjuːtəʳ	der Computer
computer game	kəm'pjuːtəʳ geɪm	das Computerspiel
to cook	to kʊk	kochen
cooked	kʊkt	kochte, kochtest, kochten, kochtet; gekocht
cooking	'kʊkɪŋ	*schau unter* **to cook**
cornflakes	'kɔːnfleɪks	die Cornflakes
to cost	tə kɒst	kosten
cousin	'kʌzᵊn	der Cousin, die Cousine
cow	kaʊ	die Kuh
cowboy	'kaʊbɔɪ	der Cowboy
cracker	'krækəʳ	das Knallbonbon
crisps *(Brit)*	krɪsps	die Chips
Croatia	krəʊ'eɪʃə	Kroatien
crocodile	'krɒkədaɪl	das Krokodil
to cry	tə kraɪ	weinen
crying	'kraɪŋ	*schau unter* **to cry**
cup	kʌp	die Tasse
to cut	kʌt	schneiden; schnitzen
cutting	'kʌtɪŋ	*schau unter* **to cut**

D

dad	dæd	der Papa
daddy	'dædi	der Papa
daffodil	'dæfədɪl	die Osterglocke
daughter	'dɔːtəʳ	die Tochter
day	deɪ	der Tag
December	dɪ'sembəʳ	der Dezember
to decorate	tə 'dekᵊreɪt	schmücken
decorating	'dekəreɪtɪŋ	*schau unter* **to decorate**
Denmark	'denmɑːk	Dänemark
desk	desk	der Schreibtisch
dessert	dɪ'zɜːt	der Nachtisch
dictionary	'dɪkʃᵊnᵊri	das Wörterbuch
dining room	'daɪnɪŋ ruːm	das Esszimmer
dinner	'dɪnəʳ	das Abendessen
to do	tə duː	machen
doctor	'dɒktəʳ	der Arzt, die Ärztin
does	dʌz	macht
dog	dɒg	der Hund
doing	'duːɪŋ	*schau unter* **to do**
doing the gardening	duːɪŋ ðə 'gɑːdᵊnɪŋ	*schau unter* **to do the gardening**
doll	dɒl	die Puppe

door	dɔːʳ	die Tür
to do the gardening	tə duː ðə ˈgaːdᵊnɪŋ	im Garten arbeiten
to draw	tə drɔː	malen
drawing	ˈdrɔːɪŋ	*schau unter* **to draw**
dress	dres	das Kleid
to dress up	tə dres ˈʌp	sich verkleiden
to drink	tə drɪŋk	trinken
drinking	ˈdrɪŋkɪŋ	*schau unter* **to drink**
drinks	drɪŋks	trinkt
duck	dʌk	die Ente
during	ˈdjʊərɪŋ	während

E

ear	ɪər	das Ohr
Easter	ˈiːstəʳ	das Ostern
Easter bunny	ˈiːstəʳ bʌni	der Osterhase
Easter egg	ˈiːstəʳ eg	das Osterei
to eat	tə iːt	essen
eating	ˈiːtɪŋ	*schau unter* **to eat**
eats	iːts	isst
Egypt	ˈiːdʒɪpt	Ägypten
eight	eɪt	acht
eighteen	eɪˈtiːn	achtzehn
eighty	ˈeɪti	achtzig
elephant	ˈelɪfənt	der Elefant
eleven	ɪˈlevᵊn	elf
English	ˈɪŋglɪʃ	Englisch
eraser *(Am)*	ɪˈreɪzəʳ	der Radiergummi
to escape	tuː ɪˈskeɪp	ausbrechen
escaped	ɪˈskeɪpt	brach/brachst/ brachen/ bracht aus; ausgebrochen
evening	ˈiːvnɪŋ	der Abend
ever	ˈevəʳ	jemals
everyone	ˈevriwʌn	alle
eye	aɪ	das Auge

F

face	feɪs	das Gesicht
fall *(Am)*	fɔːl	der Herbst
to fall	tə fɔːl	fallen
to fall down	tə fɔːl ˈdaʊn	hinfallen
family	ˈfæmɪli	die Familie
farm	faːm	der Bauernhof
fast	faːst	schnell
fat	fæt	dick
father	ˈfaːðəʳ	der Vater
Father Christmas *(Brit)*	faːðəʳ ˈkrɪsməs	der Weihnachtsmann
favorite *(Am)*	ˈfeɪvᵊrɪt	Lieblings-
favourite *(Brit)*	ˈfeɪvᵊrɪt	
February	ˈfebjuᵊri	der Februar
to feed	tə fiːd	füttern
feeds	fiːdz	füttert
to feel	tə fiːl	fühlen
feet	fiːt	die Füße
fell	fel	fiel, fielst, fielen, fielt
fell down	fel ˈdaʊn	fiel/fielst/fielen/ fielt hin
fifteen	fɪfˈtiːn	fünfzehn
fifty	ˈfɪfti	fünfzig
to fill	tə fɪl	füllen
fills	fɪlz	füllt
to find	tə faɪnd	finden
fine	faɪn	gut
finger	ˈfɪŋgəʳ	der Finger
fireplace	ˈfaɪəpleɪs	der Kamin
first	fɜːst	erste
fish	fɪʃ	der Fisch
to fish	tə fɪʃ	angeln
fishing	ˈfɪʃɪŋ	*schau unter* **to fish**
five	faɪv	fünf
floor	flɔːʳ	der Boden
flower	flaʊəʳ	die Blume
foot	fʊt	der Fuß
football	ˈfʊtbɔːl	das Fußball
for	fɔːʳ	zu, für
to forget	tə fəˈget	vergessen
forgot	fəˈgɒt	vergaß, vergaßest, vergaßen, vergaßt
fork	fɔːk	die Gabel
forty	ˈfɔːti	vierzig

found	faʊnd	fand, fandest, fanden, fandet; gefunden
four	fɔːʳ	vier
fourteen	fɔːˈtiːn	vierzehn
France	frɑːns	Frankreich
French fries *(Am)*	ˈfrenʃ fraɪz	die Pommes frites
Friday	ˈfraɪdeɪ	der Freitag
friend	frend	der Freund, die Freundin
frog	frɒg	der Frosch
from	frɒm	von
fruit	fruːt	das Obst
full	fʊl	voll
fun	fʌn	der Spaß
fur	fɜːʳ	das Fell

G

garage	ˈgærɪdʒ	die Garage
garden	ˈgɑːdᵊn	der Garten
gave	geɪv	gab, gabst, gaben, gabt
Germany	ˈdʒɜːməni	Deutschland
to get	tə get	bekommen
to get on	tə get ˈɒn	einsteigen in
gets up	gets ˈʌp	steht auf
getting on	ˈgetɪŋ ɒn	*schau unter* **to get on**
to get up	tə get ˈʌp	aufstehen
ghost	gəʊst	der Geist
girl	gɜːl	das Mädchen
to give	tə gɪv	geben
glass	glɑːs	das Glas
glasses	ˈglɑːsɪz	die Brille
glue	gluː	der Klebstoff
to go	tə gəʊ	gehen, fahren
goes	gəʊz	geht
goes rollerblading	gəʊz ˈrəʊləbleɪdɪŋ	fährt Inliner
goes to bed	gəʊz tə ˈbed	geht ins Bett
to go for a walk	tə gəʊ fɔːʳ ə ˈwɔːk	spazieren gehen
to go hiking	tə gəʊ ˈhaɪkɪŋ	wandern gehen
going	ˈgəʊɪŋ	*schau unter* **to go**

going hiking	gəʊɪŋ ˈhaɪkɪŋ	*schau unter* **to go hiking**
going on holiday	gəʊɪŋ ɒn ˈhɒlɪdeɪ	*schau unter* **to go on holiday**
going sailing	gəʊɪŋ ˈseɪlɪŋ	*schau unter* **to go sailing**
going shopping	gəʊɪŋ ˈʃɒpɪŋ	*schau unter* **to go shopping**
going swimming	gəʊɪŋ ˈswɪmɪŋ	*schau unter* **to go swimming**
gold	gəʊld	gold
good	gʊd	gut
goodbye	gʊdˈbaɪ	tschüss, auf Wiedersehen
good morning	gʊd ˈmɔːnɪŋ	guten Morgen
good night	gʊd ˈnaɪt	gute Nacht
to go on holiday	tə gəʊ ɒn ˈhɒlɪdeɪ	in Urlaub fahren
to go rollerblading	tə gəʊ ˈrəʊləbleɪdɪŋ	Inliner fahren
to go sailing	tə gəʊ ˈseɪlɪŋ	segeln gehen
to go shopping	tə gəʊ ˈʃɒpɪŋ	einkaufen gehen
to go swimming	tə gəʊ ˈswɪmɪŋ	schwimmen gehen
got	gɒt	bekam, bekamst, bekamen, bekamt
to go to bed	tə gəʊ tə ˈbed	ins Bett gehen
grandfather	ˈgrænfɑːðəʳ	der Großvater
grandma	ˈgrænmɑː	die Oma
grandmother	ˈgrænmʌðəʳ	die Großmutter
grandpa	ˈgrænpɑː	der Opa
grapes	greɪps	die Trauben
gray *(Am)*	greɪ	grau
Great Britain	greɪt ˈbrɪtᵊn	Großbritannien
Greece	griːs	Griechenland
green	griːn	grün
green pepper	griːn ˈpepəʳ	die grüne Paprikaschote
grey *(Brit)*	greɪ	grau
to grow	tə grəʊ	wachsen
growing	ˈgrəʊɪŋ	*schau unter* **to grow**

guinea pig	ˈgɪni pɪg	das Meerschweinchen
guitar	gɪˈtɑːʳ	die Gitarre

H

had	hæd	hatte, hattest, hatten, hattet
hair	heəʳ	die Haare
half past	ˈhɑːf ˈpɑːst	halb
Halloween	hæləʊˈiːn	das Halloween
hamburger	ˈhæmbɜːgəʳ	der Hamburger
hamster	ˈhæmstəʳ	der Hamster
hand	hænd	die Hand
to hang	tə hæŋ	hängen
hanging	ˈhæŋɪŋ	*schau unter* **to hang**
to hang up	tə ˈhæŋ ʌp	aufhängen
happy	ˈhæpi	glücklich
Happy New Year	ˈhæpi njuː jɪəʳ	ein frohes neues Jahr!
harbor *(Am)*	ˈhɑːbəʳ	der Hafen
harbour *(Brit)*	ˈhɑːbəʳ	
has	hæz	hat
has breakfast	hæz ˈbrekfəst	frühstückt
has dinner	hæz ˈdɪnər	isst zu Abend
hat	hæt	der Hut
to have	tə hæv	haben
to have breakfast	tə hæv ˈbrekfəst	frühstücken
to have dinner	tə hæv ˈdɪnəʳ	zu Abend essen
he	hiː	er
head	hed	der Kopf
healthy	ˈhelθi	gesund
heavy	ˈhevi	schwer
hello	helˈəʊ	hallo
to help	tə help	helfen
helping	ˈhelpɪŋ	*schau unter* **to help**
hen	hen	das Huhn
her	hɜː	ihr
here	hɪəʳ	hier
he's	hiːz	er ist
hi	haɪ	hi
hidden	ˈhɪdᵊn	versteckt
to hide	tə haɪd	verstecken
hippo	ˈhɪpəʊ	das Nilpferd
his	hɪz	sein

hobby	ˈhɒbi	das Hobby
to hold	tə həʊld	halten
holding	ˈhəʊldɪŋ	*schau unter* **to hold**
hole	həʊl	das Loch
holiday	ˈhɒlɪdeɪ	der Urlaub
holly	ˈhɒli	die Stechpalme
home	həʊm	nach Hause
homework	ˈhəʊmwɜːk	die Hausaufgaben
honey	ˈhʌni	der Honig
hooray	hʊˈreɪ	hurra
horse	hɔːs	das Pferd
hospital	ˈhɒspɪtᵊl	das Krankenhaus
hot	hɒt	heiß
hot chocolate	hɒt ˈtʃɒklət	die heiße Schokolade
hotel	həʊˈtel	das Hotel
house	haʊs	das Haus
how?	haʊ	wie?
how many?	haʊ ˈmeni	wie viele?
how much?	haʊ ˈmʌtʃ	was kostet?
how old?	haʊ ˈəʊld	wie alt?
hundred	ˈhʌndrəd	hundert
hung	hʌŋ	hing, hingst, hingten, hingt; gehangen
hung up	ˈhʌŋ ʌp	hing/hingst/hingten/hingt auf; aufgehängt
to hurt	tə hɜːt	weh tun
to hurt oneself	tə ˈhɜːt wʌnself	sich wehtun
hurts	hɜːts	tut weh
husband	ˈhʌzbənd	der Mann

I

I	aɪ	ich
ice cream	aɪsˈkriːm	das Eis
I'd	aɪd	ich würde
ill	ɪl	krank
I'm	aɪm	ich bin
in	ɪn	in; an; auf
instrument	ˈɪnstrəmənt	das Instrument
into	ˈɪntuː	in
to invite	tə ɪnˈvaɪt	einladen

invited	ɪn'vaɪtɪd	lud/ludst/luden/ludet ein
is	ɪz	ist
it	ɪt	es
Italy	'ɪtali	Italien
it's	ɪts	es ist

J

jacket	'dʒækɪt	die Jacke
jam *(Brit)*	dʒæm	die Marmelade
January	'dʒænjuᵊri	der Januar
jeans	dʒiːnz	die Jeans
jelly *(Am)*	'dʒeli	die Marmelade
juice	dʒuːs	der Saft
juicy	'dʒuːsi	saftig
July	dʒʊ'laɪ	der Juli
to jump	tə dʒʌmp	springen
jumped	'dʒʌmpt	sprang, sprangst, sprangen, sprangt; gesprungen
June	dʒuːn	der Juni

K

ketchup	'ketʃʌp	das Ketchup
kiss	kɪs	der Kuss
to kiss	tə kɪs	küssen
kissed	kɪsd	küsste, küsstest, küssten, küsstet; geküsst
kitchen	'kɪtʃᵊn	die Küche
kite	kaɪt	der Drachen
knee	niː	das Knie
knife	naɪf	das Messer

L

lamp	læmp	die Lampe
leaf	liːf	das Blatt
to learn	tə lɜːn	lernen
to leave	tə liːv	abfahren
leaves	liːvz	fährt ab
Lebanon	'lebənən	der Libanon
leg	leg	das Bein
lemonade	lemə'neɪd	die Limonade
lesson	'lesᵊn	die Stunde
let's	lets	lass uns
letter	letəʳ	der Buchstabe
Libya	'lɪbiə	Lybien
to like	tə laɪk	mögen
to like doing something	tə laɪk 'duːɪŋ sʌmθɪŋ	etw gern machen
likes	laɪks	mag
lion	'laɪən	der Löwe
to listen to	tə 'lɪsᵊn tuː	hören
listening to	'lɪsnɪŋ tuː	*schau unter* **to listen to**
little	'lɪtl̩	klein
to live	tə lɪv	wohnen, leben
living room	'lɪvɪŋ ruːm	das Wohnzimmer
long	lɒŋ	lang
to look	tə lʊk	aussehen
to look at	tə 'lʊk æt	anschauen
to look up	tə lʊk 'ʌp	nachschauen
to lose	tə luːz	verlieren
lost	lɒst	verlor, verlorst, verloren, verlort
lots of	lɒts	viele
loud	laʊd	laut
to love	tə lʌv	lieben
lovely	'lʌvli	schön
loves	lʌvz	liebt
lunch	lʌnʃ	das Mittagessen
lunch break	'lʌnʃ breɪk	die Mittagspause

M

Macedonia	mæsɪ'dəʊniə	Mazedonien
made	meɪd	machte, machtest, machten, machtet; gemacht
to make	tə meɪk	machen
to make a wish	tə meɪk ə 'wɪʃ	sich etwas wünschen
man	mæn	der Mann
many	meni	viele
map	mæp	die Karte
March	mɑːtʃ	der März
maths	mæθs	Mathe
May	meɪ	der Mai
me	miː	ich, mich, mir

meal	miːl	das Essen
medicine	'medsᵊn	die Medizin
Merry Christmas!	meri 'krɪsməs	Frohe Weihnachten!
mice	maɪs	die Mäuse
milk	mɪlk	die Milch
mineral water	'mɪnᵊrᵊl wɔːtəʳ	das Mineral-wasser
mistletoe	'mɪsļtəʊ	der Mistelzweig
mom *(Am)*	mɒm	die Mama
mommy *(Am)*	'mɒmi	die Mama
Monday	'mʌndeɪ	der Montag
money	'mʌni	das Geld
monkey	'mʌŋki	der Affe
month	mʌnθ	der Monat
moo	muː	muh
more	mɔːʳ	mehr
morning	'mɔːnɪŋ	der Morgen
Morocco	mə'rɒkəʊ	Marokko
mother	'mʌðər	die Mutter
motorbike	'məʊtəbaɪk	das Motorrad
mountains	'maʊntɪnz	das Gebirge
mouse	maʊs	die Maus
mouth	maʊθ	der Mund
Mr	'mɪstəʳ	Herr
Mrs	'mɪsɪz	Frau
mud	mʌd	der Dreck
muesli	'muːzli	das Müsli
mum	mʌm	die Mama
mummy	'mʌmi	
music	'mjuːzɪk	die Musik
my	maɪ	mein

N

name	neɪm	der Name
neck	nek	der Hals
to need	tə niːd	brauchen
nest	nest	das Nest
Netherlands	'neðələndz	die Niederlande
new	njuː	neu
newspaper	'njuːzpeɪpəʳ	die Zeitung
New Year's Eve	'njuː jɪərz iːv	das Silvester
next to	nekst tuː	neben
nice	naɪs	schön
night	naɪt	die Nacht
nine	naɪn	neun
nineteen	naɪn'tiːn	neunzehn
ninety	'naɪnti	neunzig
no	nəʊ	nein
no one	'nəʊwʌn	niemand
nose	nəʊz	die Nase
not	nɒt	nicht
November	nə'vembəʳ	der November
now	naʊ	jetzt
nut	nʌt	die Nuss

O

o'clock	ə'klɒk	Uhr
October	ɒk'təʊbəʳ	der Oktober
of	ɒv	von
often	'ɒfᵊn	oft
old	əʊld	alt
on	ɒn	auf; an; in
one	wʌn	eins
onion	'ʌnjən	die Zwiebel
only	'əʊnli	nur
to open	tə 'əʊpᵊn	öffnen, aufmachen
opened	'əʊpᵊnd	öffnete, öffnetest, öffneten, öffnetet; geöffnet
opposite	'ɒpəzɪt	gegenüber
or	ɔːʳ	oder
orange	'ɒrɪndʒ	orange
orange	'ɒrɪndʒ	die Orange
orange juice	'ɒrɪndʒ dʒuːs	Orangensaft
to order	tə 'ɔːdəʳ	bestellen
ordered	'ɔːdəd	bestellte, bestelltest, bestellten, bestelltet; bestellt
our	aʊəʳ	unser
outside	aʊt'saɪd	draußen
oven	'ʌvᵊn	der Ofen

P

to pack	tə pæk	packen
packing	'pækɪŋ	*schau unter* **to pack**

page	peɪdʒ	die Seite
paid	peɪd	bezahlte, bezahltest, bezahlten, bezahltet; bezahlt
pair	peəʳ	das Paar
pajamas *(Am)*	pəˈdʒɑːməz	der Schlafanzug
pancake	ˈpænkeɪk	der Pfannkuchen
pants *(Am)*	pænts	die Hose
paper	ˈpeɪpəʳ	das Papier
park	pɑːk	der Park
parrot	ˈpærət	der Papagei
party	ˈpɑːti	die Party
to pay	tə peɪ	bezahlen
PE	piːˈiː	Sport
pea	piː	die Erbse
peach	piːtʃ	der Pfirsich
pear	peəʳ	die Birne
pen	pen	der Stift
pence	pens	die Pence
pencil	ˈpensᵊl	der Bleistift
pencil case	ˈpensᵊl keɪs	das Mäppchen
penny	ˈpeni	der Penny
people	ˈpiːpl̩	die Leute
pet	pet	das Haustier
piano	piˈænəʊ	das Klavier
picnic	ˈpɪknɪk	das Picknick
picture	ˈpɪktʃᵊr	das Bild
piece	piːs	das Stück
pig	pɪg	das Schwein
pink	pɪŋk	pink
pizza	ˈpiːtsə	die Pizza
place	pleɪs	der Ort
plane	pleɪn	das Flugzeug
to plant	tə plɑːnt	einpflanzen
planted	ˈplɑːntɪd	pflanzte/ pflanztest/ pflanzten/ pflanztet ein; eingepflanzt
plaster	ˈplɑːstəʳ	das Pflaster
plate	pleɪt	der Teller
to play	tə pleɪ	spielen
played	pleɪd	spielte, spieltest, spielten, spieltet; gespielt
playground	ˈpleɪgraʊnd	der Schulhof
playing	ˈpleɪɪŋ	*schau unter* **to play**
plays	pleɪz	spielt
please	pliːz	bitte
plum	plʌm	die Pflaume
pointing to	ˈpɔɪntɪŋ tuː	*schau unter* **to point to**
to point to	tə ˈpɔɪnt tuː	zeigen auf
Poland	ˈpəʊlənd	Polen
poor	pɔːʳ	arm
Portugal	ˈpɔːtʃəgᵊl	Portugal
poster	ˈpəustəʳ	das Poster
potato	pəˈteɪtəʊ	die Kartoffel
pound	paʊnd	das Pfund
present	ˈprezᵊnt	das Geschenk
pretty	ˈprɪti	hübsch
princess	ˈprɪnses	die Prinzessin
to pull	tə pʊl	ziehen
pulls	pʊlz	zieht
pumpkin	ˈpʌmpkɪn	der Kürbis
pupil	ˈpjuːpᵊl	der Schüler, die Schülerin
to put	tə pʊt	legen
to put on	tə pʊt ˈɒn	anziehen
putting on	ˈpʊtɪŋ ɒn	*schau unter* **to put on**
puzzle	ˈpʌzl̩	das Puzzle
pyjamas *(Brit)*	pɪˈdʒɑːməz	der Schlafanzug

Q

quarter past	ˈkwɔːtəʳ pɑːst	Viertel nach
quarter to	ˈkwɔːtəʳ tuː	Viertel vor
quiet	ˈkwaɪət	ruhig

R

rabbit	ˈræbɪt	das Kaninchen
radio	ˈreɪdiəʊ	das Radio
to rain	tə reɪn	regnen
raining	ˈreɪnɪŋ	*schau unter* **to rain**
RE	ɑːʳˈiː	Religion
to read	tə riːd	lesen
reading	ˈriːdɪŋ	*schau unter* **to read**

recorder	rɪˈkɔːdəʳ	die Flöte
red	red	rot
red pepper	red ˈpepəʳ	die rote Paprikaschote
to ride a bike	tə raɪd ə ˈbaɪk	Rad fahren
riding a bike	ˈraɪdɪŋ ə ˈbaɪk	*schau unter* **to ride a bike**
to ring	tə rɪŋ	läuten
rings	rɪŋz	läutet
river	ˈrɪvəʳ	der Fluss
roll	rəʊl	das Brötchen
rollerblade	ˈrəʊləbleɪd	der Inliner
to rollerblade	tə ˈrəʊləbleɪd	Inliner fahren
rollerblading	ˈrəʊləbleɪdɪŋ	*schau unter* **to rollerblade**
rose	rəʊz	die Rose
rubber *(Brit)*	ˈrʌbəʳ	der Radiergummi
Rudolph (the red-nosed reindeer)	ˈruːdɒlf (ðə rednəʊzd reɪndɪəʳ)	Rudolf, (das Rentier mit der roten Nase)
ruler	ˈruːləʳ	das Lineal

S

sad	sæd	traurig
said	sed	sagte, sagtest, sagten, sagtet; gesagt
salad	ˈsæləd	der Salat
sandal	ˈsændᵊl	die Sandale
sandcastle	ˈsænkaːsl̩	die Sandburg
sandwich	ˈsænwɪdʒ	das belegte Brot
Santa Claus *(Am)*	ˈsæntə klɔːz	der Weihnachtsmann
Saturday	ˈsætədeɪ	der Samstag
sausage	ˈsɒsɪdʒ	das Würstchen
saxophone	ˈsæksəfəʊn	das Saxophon
to say	tə seɪ	sagen
scarf	skaːf	der Schal
school	skuːl	die Schule
school bag	ˈskuːl bæg	die Schultasche
school holiday	skuːl ˈhɒlɪdeɪ	die Schulferien
scissors	ˈsɪzəz	die Schere
sea	siː	das Meer
seaside	ˈsiːsaɪd	das Meer
seed	siːd	der Samen
seen	siːn	gesehen
September	sepˈtembəʳ	der September
seven	ˈsevᵊn	sieben
seventeen	sevᵊnˈtiːn	siebzehn
seventy	ˈsevᵊnti	siebzig
to share	tə ʃeəʳ	teilen
sharing	ˈʃeərɪŋ	*schau unter* **to share**
she	ʃiː	sie
sheep	ʃiːp	das Schaf
shell	ʃel	die Muschel
to shine	tə ʃaɪn	scheinen
shining	ˈʃaɪnɪŋ	*schau unter* **to shine**
shirt	ʃɜːt	das Hemd
shoe	ʃuː	der Schuh
shop	ʃɒp	das Geschäft
shopping	ˈʃɒpɪŋ	der Einkauf
shopping bag	ˈʃɒpɪŋ bæg	die Einkaufstasche
shopping list	ˈʃɒpɪŋ lɪst	der Einkaufszettel
shopping trolley	ˈʃɒpɪŋ trɒli	der Einkaufswagen
short	ʃɔːt	kurz
shoulder	ʃəʊldəʳ	die Schulter
to shut	tə ʃʌt	schließen
silver	ˈsɪlvəʳ	silber
to sing	tə sɪŋ	singen
singing	ˈsɪŋɪŋ	*schau unter* **to sing**
sister	ˈsɪstəʳ	die Schwester
to sit	tə sɪt	sitzen
to sit down	tə sɪt daʊn	sich hinsetzen
sitting	ˈsɪtɪŋ	*schau unter* **to sit**
six	sɪks	sechs
sixteen	sɪksˈtiːn	sechzehn
sixty	ˈsɪksti	sechzig
skeleton	ˈskelətᵊn	das Skelett
skirt	skɜːt	der Rock
to sleep	tə sliːp	schlafen
sleeping	ˈsliːpɪŋ	*schau unter* **to sleep**
sleigh	sleɪ	der Schlitten
small	smɔːl	klein
to smell	tə smel	riechen
smells	smelz	riecht
to smile	tə smaɪl	lächeln

smiling	'smaɪlɪŋ	*schau unter* **to smile**
snake	sneɪk	die Schlange
snow	snəʊ	der Schnee
snowman	'snəʊmæn	der Schnee-mann
sock	sɒk	die Socke
sofa	'səʊfə	das Sofa
soft	sɒft	weich
some	sʌm	einige; etwas
sometimes	'sʌmtaɪmz	manchmal
son	sʌn	der Sohn
soup	suːp	die Suppe
spaghetti	spə'geti	die Spaghetti
Spain	speɪn	Spanien
spicey	'spaɪsi	würzig
spider	'spaɪdəʳ	die Spinne
spoon	spuːn	der Löffel
spring	sprɪŋ	der Frühling
squirrel	'skwɪrᵊl	das Eich-hörnchen
star	staːr	der Stern
to start	tə staːt	anfangen
starts	staːts	fängt an
station	'steɪʃᵊn	der Bahnhof
to stay	tə steɪ	bleiben
staying	'steɪɪŋ	*schau unter* **to stay**
to stick	tə stɪk	kleben
stocking	'stɒkɪŋ	der Strumpf
to stop	tə stɒp	halten
strawberry	'strɔːbᵊri	die Erdbeere
street	striːt	die Straße
stuck	stʌk	klebte, klebtest, klebten, klebtet
suitcase	'suːtkeɪs	der Koffer
summer	'sʌməʳ	der Sommer
sun	sʌn	die Sonne
Sunday	'sʌndeɪ	der Sonntag
sunflower	'sʌnflaʊəʳ	die Sonnen-blume
supermarket	'suːpəmaːkɪt	der Supermarkt
sweater	'swetəʳ	der Pullover
to swim	tə swɪm	schwimmen
swimming	'swɪmɪŋ	*schau unter* **to swim**
swimming costume	'swɪmɪŋ kɒstjuːm	der Badeanzug
swimming pool	'swɪmɪŋ puːl	das Schwimm-bad
swimming trunks	'swɪmɪŋ trʌnks	die Badehose
Switzerland	'swɪtsᵊlənd	die Schweiz

T

table	'teɪbl̩	der Tisch
tail	teɪl	der Schwanz
to take	tə teɪk	nehmen
to take off	tə teɪk 'ɒf	ausziehen
taking	'teɪkɪŋ	*schau unter* **to take**
tall	tɔːl	groß
to taste	tə teɪst	schmecken
tastes	teɪsts	schmeckt
taxi *(Brit)*	'tæksi	das Taxi
tea	tiː	der Tee
teacher	'tiːtʃəʳ	der Lehrer, die Lehrerin
teddy bear	'tedi beəʳ	der Teddy
teeth	tiːθ	die Zähne
telephone box	'telefəʊn bɒks	die Telefonzelle
ten	ten	zehn
tennis	'tenɪs	das Tennis
thanks	θænks	danke schön
thank you	'θæŋkju	vielen Dank
that's	ðæts	das ist
the	ðə	der; die; das
their	ðeəʳ	ihr
there	ðeəʳ	da
these	ðiːz	diese
they	ðeɪ	sie
thin	θɪn	dünn
thirteen	θɜː'tiːn	dreizehn
thirty	'θɜːti	dreißig
this	ðis	dieser; diese; dieses
three	θriː	drei
through	θruː	durch
Thursday	'θɜːzdeɪ	der Donnerstag
ticket	'tɪkɪt	die Fahrkarte
to tidy up	tə 'taɪdi ʌp	aufräumen
time	taɪm	die Zeit
tired	'taɪəd	müde
to	tuː	zu; in; nach
toast	təʊst	das Toast

today	tə'deɪ	heute
toe	təʊ	der Zeh
tomato	tə'mɑːtəʊ	die Tomate
tomorrow	tə'mɒrəʊ	morgen
too	tuː	zu
took	tʊk	nahm, nahmst, nahmen, nahmt
too much	tuː 'mʌtʃ	zu viel
tooth	tuːθ	der Zahn
town	taʊn	die Stadt
toy	tɔɪ	das Spielzeug
traffic lights	'træfɪk laɪts	die Ampel
train	treɪn	der Zug, die Eisenbahn
trainers	'treɪnəz	die Turnschuhe
tree	triː	der Baum
trousers *(Brit)*	'traʊzəz	die Hose
t-shirt	'tiːʃɜːt	das T-Shirt
Tuesday	'tjuːzdeɪ	der Dienstag
tummy	'tʌmi	der Bauch
Tunisia	tjuː'nɪziə	Tunesien
Turkey	'tɜːki	die Türkei
turkey	'tɜːki	der Truthahn
to turn colour	tə tɜːn 'kʌləʳ	sich verfärben
to turn on	tə tɜːn 'ɒn	anschalten
twelve	twelv	zwölf
twenty	'twenti	zwanzig
two	tuː	zwei

U

uncle	'ʌŋkl̩	der Onkel
under	'ʌndəʳ	unter
underneath	ʌndə'niːθ	unter
underpants	'ʌndəpænts	die Unterhose
undershirt *(Am)*	'ʌndəʃɜːt	das Unterhemd
to unwrap	tə ʌn'ræp	auspacken
unwrapping	ʌn'ræpɪŋ	*schau unter* **to unwrap**
USA	juːes'eɪ	die USA

V

vacation *(Am)*	veɪ'keɪʃᵊn	der Urlaub
vegetable	'vedʒtəbl̩	das Gemüse
very	'veri	sehr
very much	veri 'mʌtʃ	sehr
vest *(Brit)*	vest	das Unterhemd
violin	vaɪə'lɪn	die Geige

W

to wait	tə weɪt	warten
waiting	'weɪtɪŋ	*schau unter* **to wait**
to wake	tə weɪk	wecken
wakes	weɪks	weckt
to walk	tə wɔːk	laufen
walking	'wɔːkɪŋ	*schau unter* **to walk**
walks	wɔːks	läuft
to want	tə wɒnt	wollen
wants	wɒnts	will
wardrobe	'wɔːdrəʊb	der Schrank
was	wɒz	war
to wash	tə wɒʃ	waschen
washing	'wɒʃɪŋ	*schau unter* **to wash**
watch	wɒtʃ	die Uhr
watches TV	wɒtʃɪz tiː'viː	sieht fern
to watch TV	tə wɒtʃ tiː'viː	fernsehen
water	'wɔːtəʳ	das Wasser
we	wiː	wir
to wear	tə weəʳ	tragen
wearing	'weəʳɪŋ	*schau unter* **to wear**
wears	weərz	trägt
Wednesday	'wenzdeɪ	der Mittwoch
week	wiːk	die Woche
went	went	ging, gingst, gingen, gingt
what?	wɒt	was?
what's?	wɒts	was ist?
when?	wen	wann?
where?	weəʳ	wo?
which?	wɪtʃ	welcher?, welche?, welches?
white	waɪt	weiß
who?	huː	wer?
whose?	huːz	wessen?
wife	waɪf	die Frau
will	wɪl	werde, wirst, wird, werden, werdet
wind	wɪnd	der Wind

window	'wɪndəʊ	das Fenster
winter	'wɪntəʳ	der Winter
to wipe	tə waɪp	abwischen
wished for	'wɪʃd fɔːʳ	wünschte mir/sich, wünschtest dir, wünschten uns, wünschtet euch
to wish for	tə 'wɪʃ fɔːr	sich wünschen
witch	wɪtʃ	die Hexe
with	wið	mit
woman	'wʊmən	die Frau
would	wʊd	würde, würdest, würden, würdet
to write	tə raɪt	schreiben
writing	'raɪtɪŋ	*schau unter* **to write**

Y

year	jɪəʳ	das Jahr
yellow	'jeləʊ	gelb
yes	jes	ja
yesterday	'jestədeɪ	gestern
yoghurt	'jɒgət	der Joghurt
you	juː	du; ihr
your	jɔːʳ	dein; euer
Yugoslavia	juːgə'slaːviə	Jugoslawien
yummy	'jʌmi	lecker

Z

zebra	'zebrə	das Zebra
zoo	zuː	der Zoo

	teddy bear		happy
	red	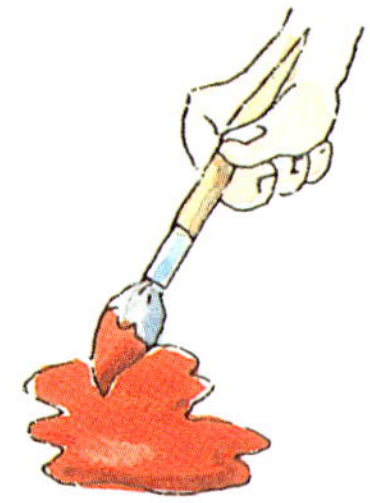	kiss
	t-shirt		crocodile
	to cook		balloon
	toys		spaghetti